Saggi Universale Economica Feltrinelli

Michel Foucault (1926-1984) è stato filosofo, archeologo dei saperi, saggista letterario, professore al Collège de France e autore di opere di importanza fondamentale per il pensiero contemporaneo. Dei suoi scritti, tutti improntati a un metodo che rifiuta ogni rigida distinzione tra teoria e storia, Rizzoli ha pubblicato: *La storia della follia, Le parole e le cose, L'archeologia del sapere*; Einaudi: *L'ordine del discorso, Sorvegliare e punire, Nascita della clinica, Il discorso, la storia, la verità*; Feltrinelli: *Scritti letterari, Storia della sessualità* in tre volumi (*La volontà del sapere, L'uso dei piaceri, La cura di sé*), *Archivio Foucault. Interventi, colloqui interviste* in tre volumi (*1. 1961-1970. Follia, scrittura, discorso*; *2. 1971-1977. Poteri, saperi, strategie*; *3. 1978-1985. Estetica dell'esistenza, etica, politica*), *"Bisogna difendere la società", I corsi al Collège de France (1974-1975), L'ermeneutica del soggetto. Corso al Collège de France (1981-1982), Il potere psichiatrico. Corso al Collège de France (1973-1974), Antologia. L'impazienza della libertà.*

MICHEL FOUCAULT

La volontà di sapere

Storia della sessualità 1

Traduzione di Pasquale Pasquino e Giovanna Procacci

Feltrinelli

Titolo dell'opera originale
LA VOLONTÉ DE SAVOIR

Traduzione dal francese di
PASQUALE PASQUINO e GIOVANNA PROCACCI

Prima edizione italiana
nella collana "FISB" gennaio 1978
Prima edizione nei "Saggi" settembre 1984
Prima edizione nell'"Universale Economica" ottobre 1988
Undicesima edizione nell'"Universale Economica" – SAGGI
settembre 2005

ISBN 88-07-81051-4

Prefazione all'edizione italiana

1. Questo volume apre una serie di studi che non pretendono essere continui, né esaustivi; si tratterà di qualche sondaggio in un territorio complesso. I volumi successivi sono indicati solo a titolo provvisorio. Il mio sogno sarebbe un lavoro di lungo respiro, capace di correggersi man mano che si sviluppa, aperto alle reazioni che suscita, alle congiunture che gli toccherà d'incontrare, e forse ad ipotesi nuove. Lo vorrei un lavoro disperso e mutevole.

2. I lettori che si aspettassero di apprendere in che modo per secoli la gente ha fatto l'amore, o come le è stato vietato di farlo — problema serio, importante, difficile — rischiano di restare delusi. Non ho voluto fare una storia dei comportamenti sessuali nelle società occidentali, ma trattare un problema molto piú austero e circoscritto: in che modo questi comportamenti sono diventati oggetti di sapere? Come, cioè per quali vie e per quali ragioni, si è organizzato questo campo di conoscenza che, con una parola recente chiamiamo la "sessualità"? Quel che i lettori troveranno qui è la genesi di un sapere — un sapere che vorrei riafferrare alla radice, nelle istituzioni religiose, nelle forme pedagogiche, nelle pratiche mediche, nelle strutture familiari, là dove si è formato, ma anche negli effetti di coercizione che ha potuto avere sugl'individui, una volta che li aveva persuasi del compito di scoprire in se stessi la forza segreta e pericolosa di una "sessualità."

3. So bene che è imprudente spedire cosí, in esplorazione, un libro che fa incessantemente allusione a degli studi a venire. Ci sono grandi possibilità che appaia arbitrario e dogmatico. Le ipotesi rischiano di farvi figura di affermazioni perentorie, e le griglie di analisi proposte possono prendere l'aspetto di una nuova dottrina. Ne ho avuto d'altronde un esempio in Francia: dei critici, bruscamente convertiti ai benefici della lotta anti-repressiva, in cui non avevano finora manifestato grande ardore, mi hanno rimproverato di negare che la sessualità sia repressa. Cosa che, evidentemente, non ho mai preteso. Mi sono soltanto chiesto se, per decifrare i rapporti fra potere, sapere e sesso, si dovesse davvero centrare tutta l'analisi sulla nozione di repressione; e se non si rendesse meglio conto delle cose iscrivendo i divieti, le proibizioni, i rifiuti, le occultazioni in una strategia piú complessa, piú globale, non orientata verso la rimozione come obiettivo maggiore e principale.

4. I termini di "sesso" e di "sessualità" sono intensamente caricati e scottano. Mettono in ombra facilmente quelli che accompagnano. Per questo vorrei sottolineare che la sessualità è qui solo un esempio per un problema generale che inseguo — o che m'insegue — da ormai piú di quindici anni, e che guida d'altronde la maggior parte dei miei libri: in che modo, nelle società occidentali moderne, la produzione di discorsi cui si è attribuito (almeno per un certo periodo di tempo) un valore di verità è legata ai vari meccanismi ed istituzioni di potere?

M. F.

Parigi, settembre 1977.

I

Noialtri vittoriani

A lungo avremmo sopportato, e subiremmo ancor oggi, un regime vittoriano. La puritana imperiale apparirebbe sul blasone della nostra sessualità, contenuta, muta, ipocrita.

Ancora all'inizio del XVII secolo esisteva, si dice, una certa franchezza. Le pratiche cercavano raramente il segreto; le parole erano dette senza eccessiva reticenza, e le cose senza troppa simulazione; si aveva coll'illecito una familiarità tollerante. I codici del volgare, dell'osceno, dell'indecente non erano affatto rigidi, se li si confronta con quelli del XIX secolo. Gesti diretti, discorsi senza vergogna, trasgressioni visibili, forme anatomiche in bella mostra mischiate con disinvoltura, bambini smaliziati che si aggirano senza fastidio e senza scandalo fra le risate degli adulti: i corpi "si pavoneggiavano."

A questa luce piena sarebbe succeduto un rapido crepuscolo, fino alle notti monotone della borghesia vittoriana. La sessualità viene allora accuratamente rinchiusa. Mette casa. La famiglia coniugale la confisca e l'assorbe tutta nella serietà della funzione riproduttiva. Intorno al sesso si fa silenzio. La coppia, legittima e procreatrice, detta legge; s'impone come modello, rende efficace la norma, detiene la verità, conserva il diritto di parlare riservandosi la prerogativa del segreto. Nello spazio sociale, come nel cuore di ogni casa, esiste un solo luogo di sessualità riconosciuta, ma utilitario e fecondo: la camera dei genitori. Il resto deve ormai scomparire; le regole della buona educazione evitano i corpi, la decenza delle parole rende innocenti i discorsi. E ciò che è sterile, se insiste e si mostra troppo, si trasforma in anormale: ne riceverà lo statuto e dovrà pagarne le sanzioni.

Quel che non è finalizzato alla generazione o non ne è trasfigurato è fuori legge, e non ha nemmeno diritto alla parola: cacciato, rifiutato e ridotto al silenzio ad un tempo. Non solo non esiste, ma non deve esistere, e lo si farà scomparire alla prima manifestazione — atti o parole. I bambini, per esempio, si sa che non hanno sesso: ragione di piú per vietarglielo, per proibire che ne parlino, per chiudersi gli occhi e tapparsi le orecchie dovunque dovessero farne mostra, ragione di piú per imporre un silenzio generale e rispettato. Questo sarebbe il carattere specifico della repressione, e quel che la distingue dai divieti che mantiene la semplice legge penale: funziona certo come condanna alla disparizione, ma anche come ingiunzione di silenzio, affermazione d'inesistenza, e dunque constatazione che di tutto ciò non c'è niente da dire, né da vedere, né da sapere. Cosí funzionerebbe, nella sua logica zoppicante, l'ipocrisia delle nostre società borghesi. Forzata pur sempre a qualche concessione. Ma se bisogna veramente far posto alle sessualità illegittime, che vadano a fare altrove il loro schiamazzo: là dove è possibile reinscriverle, se non nei circuiti della produzione, almeno in quelli del profitto. La casa chiusa e la casa di cura saranno i luoghi di tolleranza: la prostituta, il cliente ed il protettore, lo psichiatra e la sua isterica — questi "altri vittoriani," direbbe Stephen Marcus — sembrano aver surrettiziamente fatto passare il piacere indicibile nell'ordine delle cose che si contano; le parole, i gesti, allora autorizzati in sordina, vi si scambiano ad un alto prezzo. Lí soltanto il sesso selvaggio avrebbe diritto a qualche forma di realtà, purché ben isolata, ed a tipi di discorso clandestini, circoscritti, codificati. In qualsiasi altro luogo il puritanesimo moderno avrebbe imposto il suo triplice decreto di divieto, d'inesistenza e di mutismo.

Saremmo liberati da questi due lunghi secoli in cui la storia della sessualità dovrebbe leggersi innanzitutto come la cronaca di una repressione crescente? Ancora molto poco, ci viene detto. Da Freud, forse. Ma con che circospezione, che prudenza medica, che garanzia scientifica d'innocuità, e quante precauzioni per tenere tutto, senza timore di "straripamento," nello spazio piú sicuro e piú discreto, fra divano e discorso: ancora un bisbiglío remunerativo su un letto. E come potrebbe essere diversamente? Ci viene spiegato che, se la repressione è stata, a partire dall'età classica, il tipo fondamentale di legame fra potere, sapere e sessualità, non ce ne si può liberare che ad un prezzo molto alto: ci vorrebbe addirittura una trasgressione delle leggi, una rimozione dei divieti, un'irruzione della parola, una restituzione del piacere nel reale, e tutta una nuova economia nei meccanismi del potere; poiché il minimo frammento di verità è sotto condizione politica. Tali effetti non li si può dunque attendere da una semplice pratica medica, né da un discorso teorico, per quanto rigoroso. Si denunciano cosí il conformismo di Freud, le funzioni di normalizzazione della psicanalisi, tanta timidezza sotto i grandi slanci di Reich, e tutti gli effetti d'integrazione assicurati dalla "scienza" del sesso e dalle pratiche, appena ambigue, della sessuologia.

Questo discorso sulla moderna repressione del sesso regge bene. Probabilmente perché è facile farlo. Una grossa cauzione storica e politica lo protegge; facendo nascere l'epoca della repressione nel XVII secolo, dopo centinaia d'anni all'aria aperta e di libera espressione, la si porta a coincidere con lo sviluppo del capitalismo: farebbe corpo con l'ordine borghese. La piccola cronaca del sesso e delle sue vessazioni si traspone immediatamente nella storia cerimoniosa dei modi di produzione; la sua futilità svanisce. Si delinea in questo modo un principio di spiegazione: se si reprime il sesso con tanto rigore, è perché è incompatibile con una costrizione al lavoro generale ed intensiva; nell'epoca in cui si sfrutta sistematicamente la forza lavoro si potrebbe tollerare ch'essa vada a disperdersi nei piaceri, salvo in quelli, ridotti al minimo, che le permettono di riprodursi? Il sesso ed i suoi effetti non sono forse facilmente decifrabili; cosí ricollocata, invece, la loro repressione si analizza agevolmente. E la causa del sesso — della sua libertà, ma anche della conoscenza che se ne acquisisce e del diritto che si ha di parlarne — si trova con piena legittimità legata all'onore di una causa politica: anche il sesso s'inscrive nell'avvenire.

Una mente sospettosa si chiederebbe forse se tante precauzioni per dare alla storia del sesso un patrocinio cosí importante non portino ancora la traccia dei vecchi pudori: come se ci fosse bisogno di tutte queste correlazioni valorizzanti perché questo discorso possa esser fatto o recepito.

Ma c'è forse un'altra ragione che ci rende cosí gratificante formulare in termini di repressione i rapporti fra sesso e potere, ed è quel che potremmo chiamare il "beneficio del locutore." Se la sessualità è repressa, cioè destinata alla proibizione, all'inesistenza ed al mutismo, il solo fatto di parlarne, e di parlare della sua repressione, ha un tono di trasgressione deliberata. Colui che adopera questo linguaggio si mette in una certa misura al di fuori del potere; attacca la legge; anticipa, foss'anche di poco, la libertà futura. Di qui la solennità con cui oggi si parla del sesso. I primi demografi e gli psichiatri del XIX secolo, quando erano obbligati ad evocarlo, pensavano di doversi far perdonare se fermavano l'attenzione dei loro lettori su argomenti cosí poco nobili e tanto futili. Noi, da decine di anni, non ne parliamo quasi mai senza prendere un po' la posa: coscienza di sfidare l'ordine stabilito, tono di voce che lascia intendere che si sa di essere sovversivi, ardore nello scongiurare il presente e nell'invocare un avvenire di cui si pensa di contribuire ad affrettare la venuta. Qualcosa della rivolta, della libertà promessa, dell'età futura di un'altra legge passa facilmente in questo discorso sull'oppressione del sesso. Alcune delle vecchie funzioni tradizionali della profezia vi si trovano riattivate. A domani il buon sesso. È perché si afferma questa repressione che si può ancora far coesistere, discretamente, quel che la paura del ridicolo o l'amarezza della storia impedisce alla maggior parte di noi di accostare: la rivoluzione e la felicità; o la rivoluzione ed un corpo diverso, piú nuovo, piú bello; o ancora la rivoluzione ed il piacere. Parlare contro i poteri, dire la verità e promettere il godimento; legare l'una all'altra l'illuminazione, la liberazione e innumerevoli voluttà; fare un discorso in cui si uniscono l'ardore del sapere, la volontà di cambiare la legge ed il giardino sperato delle delizie — ecco probabilmente che cosa sorregge in noi l'accanimento a parlare del sesso in termini di repressione; ed anche forse che cosa spiega il valore commerciale che si attribuisce non solo a tutto ciò che se ne dice, ma al semplice fatto di prestare orecchio a quelli che vogliono eliminarne gli effetti. Dopo tutto siamo la sola civiltà in cui delle persone specialmente adette sono retribuite per ascoltare ciascuno confidare il proprio sesso: come se la voglia di parlarne e l'interesse che si spera di trarne fossero andati sí largamente al di là delle possibilità dell'ascolto, che alcuni hanno addirittura messo in affitto le loro orecchie.

Ma piú ancora di questo aspetto economico, mi sembra essenziale l'esistenza nella nostra epoca di un discorso in cui il sesso, la rivelazione della verità, il rovesciamento della legge del mondo, l'annuncio di un'altra èra e la promessa di una certa felicità sono legati insieme. È il sesso che oggi serve da supporto alla vecchia forma della predicazione, cosí familiare e cosí importante in Occidente. Una grande predica sessuale — che ha avuto i suoi teologi sottili e le sue voci popolari — ha attraversato la nostra società da qualche decina d'anni; ha fustigato il vecchio ordine, denunciato le ipocrisie, cantato il diritto dell'immediato e del reale; ha fatto sognare un'altra città. Pensiamo ai francescani, e chiediamoci come è potuto succedere che il lirismo, la religiosità che avevano accompagnato a lungo il progetto rivoluzionario si siano, nelle società industriali ed occidentali, trasportati, almeno in buona parte, sul sesso.

L'idea della repressione del sesso non è dunque solo una questione teorica. L'affermazione che la sessualità non sarebbe mai stata assoggettata con maggior rigore che nell'età dell'ipocrita borghesia indaffarata e contabile va insieme con l'enfasi di un discorso destinato a dire la verità sul sesso, a modificarne l'economia nella realtà, a sovvertire la legge che lo governa, a cambiarne l'avvenire. L'enunciato dell'oppressione e la forma della predicazione rinviano l'uno all'altra, si rafforzano reciprocamente. Dire che il sesso non è represso, o piuttosto, dire che fra il sesso ed il potere il rapporto non è di repressione rischia di non esser altro che uno sterile paradosso. Non significherebbe solo opporsi apertamente ad una tesi ben accettata; ma andare contro tutta l'economia, tutti gli "interessi" discorsivi che la sottendono.

È qui che vorrei situare la serie di analisi storiche di cui questo libro è contemporaneamente l'introduzione ed in un certo senso la prima presentazione d'insieme: individuazione di qualche punto storicamente significativo ed abbozzo di alcuni problemi teorici. Si tratta insomma d'interrogare il caso di una società che da piú di un secolo si fustiga rumorosamente per la sua ipocrisia, parla con prolissità del proprio silenzio, s'accanisce ad esporre minutamente quel che non dice, denuncia i poteri che esercita e promette di liberarsi delle leggi che l'hanno fatta funzionare. Vorrei prendere in considerazione non solo questi discorsi, ma la volontà che li anima e l'intenzione strategica che li sorregge. La domanda che vorrei porre non è: perché siamo repressi? ma: perché diciamo con tanta passione, con tanto rancore contro il nostro passato piú prossimo, contro il nostro presente e contro noi stessi, che siamo repressi? Attraverso quale spirale siamo giunti ad affermare che il sesso è negato, a mostrare ostentatamente che lo nascondiamo, a dire che lo taciamo —, e questo formulandolo a chiare lettere, cercando di farlo vedere nella sua realtà piú nuda, affermandolo nella positività del suo potere e dei suoi effetti? È sicuramente legittimo chiedersi perché per tanto tempo si è associato il sesso al peccato — resterebbe però da vedere come si è fatta questa associazione, evitando di dire globalmente ed affrettatamente che il sesso era "condannato" —; ma bisognerebbe chiedersi anche perché oggi ci colpevolizziamo tanto di averne fatto un tempo un peccato. Per quali strade siamo arrivati a sentirci "in colpa" nei confronti del nostro sesso? E ad essere una civiltà tanto singolare da dirsi che ha per molto tempo, ed ancor oggi, "peccato" contro il sesso, per abuso di potere? Come si è operato questo spostamento che, pur pretendendo di liberarci dalla natura peccatrice del sesso, ci opprime di una grande colpa storica che sarebbe consistita appunto nell'immaginare questa natura colpevole e nel trarre da questa credenza degli effetti disastrosi?

Mi si dirà: se sono in tanti oggi ad affermare questa repressione, è perché è storicamente evidente. E che se ne parlano tanto e da tanto tempo, significa che questa repressione è profondamente ancorata, che ha radici e ragioni solide, che pesa sul sesso in modo cosí rigoroso che non basterà una semplice denuncia per liberarcene; il lavoro non può che essere lungo. Tanto piú lungo probabilmente dal momento che il carattere specifico del potere — ed in particolare di un potere come quello che funziona nella nostra società — è di essere repressivo e di reprimere con una particolare attenzione le energie inutili, le intensità dei piaceri ed i comportamenti irregolari. Bisogna dunque aspettarsi che gli effetti di liberazione nei confronti di questo potere repressivo siano lenti a manifestarsi; l'impresa di parlare del sesso liberamente e di accettarlo nella sua realtà è cosí estranea alla tradizione di tutta una storia ormai millenaria, è per di piú cosí ostile ai meccanismi intrinseci del potere, che non può far a meno di avanzare lentamente per molto tempo, prima di riuscire nel suo compito.

Nei confronti di quella che chiamerei l'"ipotesi repressiva" si possono sollevare tre dubbi importanti. Primo dubbio: la repressione del sesso è realmente un'evidenza storica? Quel che si rivela ad un primissimo sguardo — e che autorizza quindi a porre un'ipotesi di partenza — è l'accentuazione o forse l'instaurazione a partire dal XVII secolo di un regime di repressione sul sesso? Problema propriamente storico. Secondo dubbio: la meccanica del potere, e in particolare quella che è messa in gioco in una società come la nostra, è essenzialmente dell'ordine della repressione? Il divieto, la censura, la negazione sono le forme secondo le quali il potere si esercita in modo generale forse in tutte le società, e sicuramente nella nostra? Problema storico-teorico. Terzo dubbio, infine: il discorso critico fatto nei confronti della repressione viene ad incrociare, per sbarrargli la strada, un meccanismo di potere che aveva funzionato fino a quel momento senza contestazione, o fa parte della stessa trama storica di ciò che denuncia (e probabilmente traveste) chiamandolo "repressione"? C'è una rottura storica tra l'epoca della repressione e l'analisi critica di quest'ultima? Problema storico-politico. Introducendo questi tre dubbi, non si tratta solo di fare delle controipotesi, simmetriche ed opposte alle prime; non si tratta di dire: la sessualità, lungi dall'essere stata repressa nelle società capitalistiche e borghesi, ha beneficiato al contrario di un regime di libertà costante; non si tratta di dire: il potere, in società come le nostre, è piú tollerante che repressivo, e la critica che si fa della repressione può certo darsi delle arie di rottura, ma fa parte di un processo molto piú vecchio di lei e, secondo il modo in cui si leggerà questo processo, apparirà come un nuovo episodio nell'attenuazione dei divieti o come una forma piú astuta o piú discreta del potere.

I dubbi che vorrei opporre all'ipotesi repressiva hanno piuttosto lo scopo di ricollocarla in un'economia generale dei discorsi sul sesso all'interno della società moderna a partire dal XVII secolo che quello di dimostrare che è falsa. Perché si è parlato della sessualità, che cosa se ne è detto? Quali erano gli effetti di potere indotti da ciò che si diceva? Quali i legami fra questi discorsi, questi effetti di potere ed i piaceri che ne erano investiti? Quale sapere si formava a partire da qui? Si tratta insomma di determinare nel suo funzionamento e nelle sue ragioni di essere il regime di potere-sapere-piacere che sorregge in noi il discorso sulla sessualità umana. In questo senso, l'essenziale (almeno in prima istanza) non è tanto sapere se al sesso si dice sí o no, se si formulano divieti o autorizzazioni, se se ne afferma l'importanza o se ne negano gli effetti, se si castigano o no le parole di cui ci si serve per designarlo; ma prendere in considerazione il fatto stesso che se ne parla, chi ne parla, i luoghi ed i punti di vista da cui se ne parla, le istituzioni che incitano a parlarne, che accumulano e diffondono quel che se ne dice, in breve, il "fatto discorsivo" globale, la "trasposizione in discorso" del sesso. L'importante sarà ancora sapere sotto quali forme, attraverso quali canali, insinuandosi in quali discorsi il potere arriva fino ai comportamenti piú minuti e piú individuali, quali vie gli permettono di raggiungere le forme rare o appena percettibili del desiderio, come penetra e controlla il piacere quotidiano — tutto ciò con effetti che possono essere di rifiuto, di ostruzione, di squalificazione, ma anche d'incitazione, d'intensificazione, in breve le "tecniche polimorfe del potere." L'importante, infine, non sarà determinare se queste produzioni discorsive e questi effetti di potere portano a formulare la verità del sesso o piuttosto delle menzogne destinate ad occultarlo, ma mettere in evidenza la "volontà di sapere" che serve loro ad un tempo da supporto e da strumento.

Bisogna intendersi bene; non pretendo di negare che il sesso sia stato proibito, bloccato, mascherato o misconosciuto dall'età classica in poi; non voglio nemmeno dire che a partire da quel momento lo sia stato meno che nel passato. Non dico dunque che il divieto del sesso sia un'illusione; ma che è un'illusione farne l'elemento fondamentale e costitutivo a partire dal quale si potrebbe scrivere la storia di ciò che è stato detto a proposito del sesso dall'inizio dell'età moderna. Tutti questi elementi negativi — divieti, rifiuti, censure, negazioni — che l'ipotesi repressiva raggruppa in un grande meccanismo centrale destinato a dire di no, sono probabilmente soltanto degli elementi che svolgono un ruolo locale e tattico in una trasposizione in discorso, in una tecnica di potere, in una volontà di sapere che sono lungi dal ridursi ad essi.

Insomma, vorrei separare l'analisi dai privilegi che si accordano di solito all'economia della rarità ed ai princípi della rarefazione, per cercare invece le istanze di produzione discorsiva (che certo organizzano anche dei silenzi), di produzione di potere (che hanno talvolta la funzione di imporre divieti), delle produzioni di sapere (che fanno spesso circolare errori o misconoscimenti sistematici); vorrei fare la storia di queste istanze e delle loro trasformazioni. In realtà, un primissimo sguardo d'insieme fatto da questo punto di vista sembra indicare che, dalla fine del XVI secolo, la "trasposizione in discorso" del sesso, lungi dal subire un processo di restrizione, è stata al contrario sottoposta ad un meccanismo d'incitazione crescente; che le tecniche di potere che si esercitano sul sesso non hanno obbedito ad un principio di selezione rigorosa, ma al contrario di disseminazione e d'insediamento delle sessualità polimorfe e che la volontà di sapere non si è arrestata dinanzi ad un tabú inamovibile, ma si è accanita — probabilmente attraverso molti errori — a costituire una scienza della sessualità. Sono questi movimenti che vorrei, passando in qualche modo alle spalle dell'ipotesi repressiva e dei fatti di divieto o di esclusione che essa invoca, far apparire ora in modo schematico, a partire da alcuni fatti storici che hanno valore di segni.

II

L'ipotesi repressiva

1.

L'incitazione ai discorsi

Il XVII secolo sarebbe l'inizio di un'epoca di repressione, caratteristica delle società che chiamiamo borghesi, e da cui forse non ci saremmo ancora completamente liberati. Nominare il sesso sarebbe diventato, a partire da quel momento, piú difficile e piú costoso. Come se, per dominarlo nel reale, fosse stato necessario innanzitutto porre delle restrizioni a livello del linguaggio, controllare la sua libera circolazione nel discorso, scacciarlo dalle cose dette e far tacere le parole che lo rendono presente in modo troppo sensibile. E si direbbe che questi stessi divieti abbiano paura di nominarlo. Senza nemmeno aver bisogno di dirlo, il pudore moderno otterrebbe che non se ne parli, col solo gioco di proibizioni che rinviano le une alle altre; mutismi, che, a forza di tacere, impongono il silenzio. Censura.

Se si prendono questi ultimi tre secoli nelle loro trasformazioni continue, le cose appaiono ben diverse: intorno ed a proposito del sesso c'è stata una vera e propria esplosione discorsiva. Bisogna intendersi. È ben possibile che ci sia stata un'epurazione — e anche molto rigorosa — del vocabolario autorizzato. È ben possibile che sia stata codificata tutta una retorica dell'allusione e della metafora. Nuove regole di decenza, senza dubbio, hanno filtrato le parole: polizia degli enunciati. Controllo delle enunciazioni anche: si è definito in modo molto piú rigido dove e quando non era possibile parlarne; in quale situazione, fra quali locutori, ed all'interno di quali rapporti sociali; si sono stabilite cosí regioni, se non di silenzio assoluto, almeno di tatto e di discrezione: fra genitori e figli per esempio, o educatori ed alunni, padroni e domestici. C'è stata in quest'ambito, è quasi certo, tutta un'economia restrittiva. Essa s'integra alla politica della lingua e della parola — spontanea da un lato, concertata dall'altro — che ha accompagnato le ridistribuzioni sociali dell'età classica.

Al contrario, a livello dei discorsi e dei loro ambiti, il fenomeno è quasi inverso. Sul sesso, i discorsi — discorsi specifici, diversi contemporaneamente per la forma e per l'oggetto — non hanno cessato di proliferare: una fermentazione discorsiva che si è accelerata a partire dal XVIII secolo. Non penso tanto qui alla moltiplicazione probabile dei discorsi "illeciti," dei discorsi di trasgressione che nominano il sesso crudamente per insulto o derisione dei nuovi pudori; il consolidarsi delle regole della decenza ha prodotto verosimilmente, come controeffetto, una valorizzazione ed un'intensificazione della parola indecente. L'essenziale è la moltiplicazione dei discorsi sul sesso, nel campo d'esercizio stesso del potere: incitazione istituzionale a parlarne, ed a parlarne sempre di piú; ostinazione delle istanze del potere a sentirne parlare ed a farlo parlare nella forma dell'articolazione esplicita e dei particolari indefinitamente accumulati.

Prendiamo l'esempio della pastorale cattolica e del sacramento della penitenza dopo il Concilio di Trento. Si copre a poco a poco la crudezza delle domande formulate nei manuali di confessione del Medio Evo, e un buon numero di quelle che si ponevano ancora nel XVII secolo. Si evita di entrare nei particolari che alcuni, come Sanchez o Tamburini, hanno a lungo creduto indispensabile per una confessione completa: posizione rispettiva dei partner, atteggiamenti assunti, gesti, toccamenti, momento esatto del piacere — tutto un percorso meticoloso dell'atto sessuale nella sua stessa operazione. La discrezione è raccomandata con sempre maggiore insistenza. È necessaria la massima riserva per quanto riguarda i peccati contro la purezza: "In questa materia non mi spiegherò molto, perché ella è una pece, che in qual si sia modo, che si tocchi, anche per allontanarsela, imbratta."[1] E piú tardi Alfonso de Liguori prescriverà d'iniziare — salvo eventualmente a limitarsi ad esse, soprattutto con i bambini — con domande "un po' vaghe e che affrontano l'argomento da lontano."[2]

Ma se la lingua può essere castigata, l'estensione della confessione, e della confessione della carne, non cessa di crescere. Perché la Controriforma si adopera in tutti i paesi cattolici ad accelerare il ritmo della confessione annuale; perché cerca d'imporre regole meticolose d'esame di coscienza; ma soprattutto perché accorda sempre maggiore importanza nella penitenza — ed alle spese, forse, di altri peccati — a tutte le insinuazioni della carne: pensieri, desideri, immaginazioni voluttuose, piaceri, movimenti congiunti dell'anima e del corpo, tutto ciò ormai deve entrare, e nei particolari, nelle pratiche connesse della confessione e della direzione di coscienza. Il sesso, secondo la nuova pastorale, non deve piú essere nominato senza prudenza; ma i suoi aspetti, le sue correlazioni, i suoi effetti devono essere seguiti fin nelle loro ramificazioni piú sottili: un'ombra in una fantasticheria, un'immagine scacciata troppo lentamente, una complicità mal scongiurata fra la meccanica del corpo ed il compiacimento della mente: tutto deve esser detto. Una duplice evoluzione tende a fare della carne la radice di tutti i peccati, ed a spostarne il momento piú importante dall'atto stesso verso il turbamento del desiderio cosí difficile da percepire e da formulare; poiché è un male che colpisce l'uomo interamente e nelle forme piú segrete: "Esaminate tutte le vostre potenze, memoria, intelletto e volontà. Esaminate tutti i vostri sentimenti, particolarmente i due primi del vedere e dell'udire, e molto piú l'ultimo del toccare. Esaminate i pensieri, le parole e le opere. Esaminate sino i sogni, se poi svegliato avete prestato loro qualche consenso... Finalmente in questa materia non reputare nes-

[1] P. Segneri, *Il penitente istruito a ben confessarsi*, Torino 1672, p. 241.
[2] A. de Liguori, *Homo apostolicus, Quomodo se gerere debeat confessarius cum pueris, adolescentibus et puellis*, *Opere*, vol. VII, Torino 1887, p. 648.

sun difetto per leggiero."[3] Un discorso obbligatorio ed attento deve dunque seguire, in tutte le sue evoluzioni, la linea di congiunzione del corpo e dell'anima, far apparire, sotto la superficie dei peccati, la nervatura ininterrotta della carne. Dietro l'apparenza di un linguaggio che si ha cura di epurare perché non vi sia piú nominato direttamente, il sesso è assunto, e quasi braccato, da un discorso che pretende di non lasciargli né oscurità né tregua.

Forse qui per la prima volta s'impone, sotto la forma di una costrizione generale, quest'ingiunzione cosí particolare all'Occidente moderno. Non parlo dell'obbligo di confessare le infrazioni alle leggi del sesso, come l'esigeva la penitenza tradizionale; ma del compito, quasi infinito, di dire, di dire a se stessi e di dire ad un altro, quanto piú spesso possibile, tutto ciò che può riferirsi al gioco dei piaceri, sensazioni e pensieri innumerevoli che, attraverso l'anima ed il corpo, hanno qualche affinità col sesso. Questo progetto di una "trasposizione in discorso" del sesso si era formato, molto tempo prima, in una tradizione ascetica e monastica. Il XVII secolo ne ha fatto una regola per tutti. Si dirà che nei fatti non poteva praticamente applicarsi che ad una piccolissima élite; la massa dei fedeli che non andavano a confessarsi che rare volte durante l'anno sfuggiva a prescrizioni cosí complesse. Ma probabilmente l'importante è che quest'obbligo sia stato fissato, almeno come ideale, per ogni buon cristiano. Un imperativo è stabilito: non solo confessare gli atti contrari alla legge, ma cercare di trasformare il proprio desiderio, ogni proprio desiderio, in discorso. Nulla, se possibile, deve sfuggire a questa formulazione, quand'anche le parole che adopera debbano essere accuratamente neutralizzate. La pastorale cristiana ha iscritto come dovere fondamentale il compito di far passare tutto ciò che ha rapporto col sesso alla macina senza fine della parola.[4] La proibizione di certi termini, la decenza delle espressioni,

[3] P. Segneri, *loc. cit.*, pp. 241-242.

[4] Anche la pastorale riformata, per quanto in modo piú discreto, ha posto delle regole di trasposizione in discorso del sesso. Questo tema sarà sviluppato nel volume successivo, *Les Aveux de la chair* (Le confessioni della carne).

tutte le censure del vocabolario potrebbero non essere che dei dispositivi secondari relativamente a questa grande costrizione, delle maniere di renderla moralmente accettabile e tecnicamente utile.

Si potrebbe tracciare una linea diretta che andrebbe dalla pastorale del XVII secolo a quel che ne fu la proiezione nella letteratura, e nella letteratura "scandalosa." Dire tutto, ripetono i direttori: "non solo gli atti consumati ma i toccamenti sensuali, tutti gli sguardi impuri, tutte le parole oscene... tutti i pensieri disonesti."[5] Sade rilancia l'ingiunzione in termini che sembrano trascritti dai trattati di direzione spirituale: "Ai vostri racconti sono necessari tutti i particolari, i piú circostanziati ed i piú estesi; non possiamo giudicare quel che la passione che raccontate ha di relativo ai costumi ed ai caratteri dell'uomo, che nella misura in cui non mascherate nessuna circostanza; le minime circostanze servono d'altronde infinitamente a ciò che attendiamo dai vostri racconti."[6] Ed alla fine del XIX secolo l'autore anonimo di *My secret Life* si è ancora sottomesso alla stessa prescrizione; egli fu probabilmente, almeno in apparenza, una specie di libertino tradizionale; ma questa vita, quasi interamente consacrata all'attività sessuale, ha avuto l'idea di accompagnarla con il racconto piú meticoloso di ciascuno dei suoi episodi. Talvolta se ne scusa facendo valere la sua preoccupazione di educare i giovani, lui che ha fatto stampare, solamente in pochi esemplari, questi undici volumi consacrati alle minime avventure, piaceri e sensazioni della sua sessualità; è preferibile credergli quando lascia apparire nel suo testo la voce del puro imperativo: "Racconto i fatti, cosí come sono accaduti, nella misura in cui riesco a ricordarmeli; è tutto quel che posso fare"; "una vita segreta non deve presentare nessuna omissione; non c'è nulla di cui si debba aver vergogna..., non si può mai conoscer troppo la natura umana."[7] Il solitario della *Vita segreta* ha detto spesso, per giustificarsi

[5] A. de Liguori, *Institutio catechistica, De sexto praecepto: Non moecaberis, Opere*, vol. VII, Torino 1887, p. 848.
[6] D.-A. de Sade, *Les 120 journées de Sodome*, Ed. Pauvert, I, pp. 139-140.
[7] Anonimo, *My secret Life*, riedito da Grove Press, 1964.

di descriverle, che le sue pratiche piú strane erano certamente condivise da migliaia di uomini sulla superficie della terra. Ma il principio della piú strana di queste pratiche, che era quella di raccontarle tutte, nei loro particolari e giorno per giorno, era stato deposto nel cuore dell'uomo moderno da piú di due secoli. Piuttosto che vedere in quest'uomo singolare l'evaso coraggioso di un "vittorianesimo" che lo costringeva al silenzio, sarei tentato di pensare che in un'epoca in cui dominavano ordini peraltro molto prolissi di discrezione e di pudore, egli fu il rappresentante piú diretto ed in un certo modo piú ingenuo di un'ingiunzione plurisecolare a parlare del sesso. L'accidente storico sarebbero piuttosto i pudori del "puritanesimo vittoriano"; sarebbero in ogni caso una peripezia, una sottigliezza, un capovolgimento tattico nel gran processo di trasposizione in discorso del sesso.

Meglio della sua sovrana quest'inglese senza identità può servire da figura centrale alla storia di una sessualità moderna che si forma già in buona parte con la pastorale cristiana. All'opposto di questa, per lui si trattava probabilmente di intensificare le sensazioni che provava con i particolari di ciò che diceva; come Sade, scriveva, nel senso forte dell'espressione, "per il suo solo piacere"; mescolava accuratamente la redazione e la rilettura delle sue pagine a scene erotiche di cui quelle erano contemporaneamente la ripetizione, il prolungamento e lo stimolo. Ma in fondo, anche la pastorale cristiana cercava di produrre effetti specifici sul desiderio, attraverso il solo fatto di trasporlo, integralmente e meticolosamente, in discorso: effetti di padronanza e di messa a distanza probabilmente, ma anche effetti di riconversione spirituale, di dedizione a Dio, effetto fisico di beato dolore nel sentire nel proprio corpo i morsi della tentazione e l'amore che le resiste. L'essenziale consiste nel fatto che l'uomo occidentale sia stato da tre secoli obbligato a questo compito di dire tutto sul suo sesso, che a partire dall'età classica ci siano stati un aumento costante ed una valorizzazione sempre piú grande del discorso sul sesso, e che si siano attesi da questo discorso, accuratamente analitico, effetti molteplici di spostamento, d'intensificazione, di diverso orientamento, di modificazione sul desiderio stesso. Non solo si è allargato il campo di ciò che si poteva dire del sesso e costretto gli uomini ad estenderlo sempre di piú, ma soprattutto si è innestato sul sesso il discorso, secondo un dispositivo complesso e con effetti svariati, che non può esaurirsi nel semplice riferimento ad una legge di proibizione. Censura del sesso? Si è costituito piuttosto un dispositivo per produrre sul sesso discorsi, sempre piú discorsi, suscettibili di funzionare e di produrre effetti nella sua stessa economia.

Questa tecnica sarebbe forse rimasta legata al destino della spiritualità cristiana o all'economia dei piaceri individuali, se non fosse stata sostenuta e rilanciata da altri meccanismi. Essenzialmente un "interesse pubblico." Non una curiosità o una sensibilità collettive; non una mentalità nuova; ma meccanismi di potere al funzionamento dei quali il discorso sul sesso — per ragioni sulle quali bisognerà ritornare — è diventato essenziale. Nasce verso il XVIII secolo un'incitazione politica, economica, tecnica a parlare del sesso. E non tanto sotto la forma di una teoria generale della sessualità, ma sotto quella di analisi, di contabilità, di classificazione e di specificazione, sotto forma di ricerche quantitative o causali. Prendere "in considerazione" il sesso, fare su di esso un discorso che non sia unicamente di morale, ma di razionalità, fu questa una necessità abbastanza nuova perché all'inizio si stupisca di se stessa e si cerchi delle scuse. Come potrebbe un discorso di ragione parlare di *questo*? "Raramente i filosofi hanno portato uno sguardo fermo su questi oggetti che si trovano fra il disgusto ed il ridicolo, dove bisognava ad un tempo evitare l'ipocrisia e lo scandalo."[8] E quasi un secolo piú tardi, la medicina, da cui ci si sarebbe potuti attendere che fosse meno sorpresa di quel che doveva formulare, vacilla ancora al momento di parlare: "L'ombra che avvolge questi fatti, la vergogna ed il disgusto che ispirano, ne hanno da sempre allontanato lo sguardo degli osservatori... Ho a lungo esitato a fare entrare in questo studio il quadro ripugnante..."[9] L'essenziale non è in tutti

[8] Condorcet, citato da J.-L. Flandrin, *Familles*, 1976.
[9] A. Tardieu, *Etude médico-légale sur les attentats aux moeurs*, 1857, p. 114.

questi scrupoli, nel "moralismo" che tradiscono, o nell'ipocrisia di cui li si può sospettare. Ma nella necessità riconosciuta che bisogna superarli. Del sesso, si deve parlare, se ne deve parlare pubblicamente ed in modo che sfugga alla distinzione del lecito e dell'illecito, anche se il locutore la conserva (è a mostrarlo che servono queste dichiarazioni solenni e preliminari); se ne deve parlare come di una cosa che non è solo da condannare o tollerare, ma da gestire, da inserire in sistemi di utilità, da regolare per il piú gran bene di tutti, da far funzionare secondo un optimum. Il sesso non si giudica solo, si amministra. Esso riguarda il potere politico. Richiede procedure di gestione; deve essere preso in considerazione da discorsi analitici. Il sesso, nel XVIII secolo, diventa una questione di "polizia." Ma nel senso pieno e forte che si dava allora a questa parola — non repressione del disordine, ma sviluppo ordinato delle forze collettive ed individuali: "Consolidare ed aumentare attraverso la saggezza dei regolamenti la potenza interna dello Stato, e poiché questa potenza consiste non solo nella repubblica in generale, ed in ciascuno dei membri che la compongono, ma ancora nelle facoltà e nei talenti di tutti coloro che le appartengono, ne consegue che la polizia deve occuparsi interamente di questi mezzi e farli servire alla felicità pubblica. Ora, essa non può ottenere questo risultato che a mezzo della conoscenza che ha di questi diversi vantaggi."[10] Polizia del sesso: il che non vuol dire rigore di una proibizione, ma necessità di regolare il sesso attraverso discorsi utili e pubblici.

Qualche esempio soltanto. Una delle grandi novità delle tecniche di potere, nel XVIII secolo, fu l'apparizione, come problema economico e politico, della "popolazione": la popolazione-ricchezza, la popolazione-mano d'opera o capacità di lavoro, la popolazione in equilibrio fra la propria crescita e le risorse di cui dispone. I governi si accorgono che non hanno a che fare semplicemente con dei sudditi, né con un "popolo," ma con una "popolazione," coi suoi problemi specifici e le sue va-

[10] J. H. G. von Justi, *Grundsätze der Policey-Wissenschaft*, Göttingen 1756, parr. 5 e 6, p. 6.

riabili proprie: natalità, morbosità, durata della vita, fecondità, stato di salute, frequenza delle malattie, forma d'alimentazione e di habitat. Tutte queste variabili sono al punto d'incrocio dei movimenti propri della vita, e degli effetti particolari delle istituzioni: "Gli Stati non si popolano affatto secondo la progressione naturale della propagazione, ma in ragione della loro industria, delle loro produzioni, e delle diverse istituzioni... Gli uomini si moltiplicano come le produzioni del suolo ed in proporzione dei vantaggi e delle risorse che trovano nel loro lavoro."[11] Al cuore di questo problema economico e politico della popolazione, il sesso: bisogna analizzare il tasso di natalità, l'età del matrimonio, le nascite legittime ed illegittime, la precocità e la frequenza dei rapporti sessuali, il modo di renderli fecondi o sterili, l'effetto del celibato o dei divieti, l'incidenza delle pratiche contraccettive — di quei famosi "funesti segreti" di cui i demografi, alla vigilia della Rivoluzione, sanno che sono già familiari nelle campagne. Certo, era da molto tempo che si affermava che un paese deve essere popoloso se vuol essere ricco e potente. Ma è la prima volta che una società afferma, almeno in modo costante, che il suo avvenire e la sua fortuna sono legati non solo al numero ed alla virtú dei cittadini, non solo alle regole dei loro matrimoni ed all'organizzazione delle famiglie, ma all'uso che ciascuno fa del sesso. Si passa dalla desolazione rituale sulla sterile dissolutezza dei ricchi, degli scapoli e dei libertini, a un discorso in cui il comportamento sessuale della popolazione è considerato contemporaneamente come oggetto d'analisi e d'intervento; si passa dalle tesi massicciamente popolazioniste dell'epoca mercantilistica, a tentativi di regolazione piú fini e meglio calcolati che a seconda degli obiettivi e delle urgenze oscilleranno in una direzione natalista o antinatalista. Attraverso l'economia politica della popolazione si forma tutta una rete di osservazioni sul sesso. Nasce l'analisi dei comportamenti sessuali, delle loro determinazioni e dei loro effetti, al limite tra il biologico e l'economico. Appaiono anche quelle campagne sistematiche che,

[11] C.-J. Herbert, *Essai sur la police générale des grains*, 1753, pp. 320-321.

al di là dei mezzi tradizionali — esortazioni morali e religiose, misure fiscali — cercano di fare del comportamento sessuale delle coppie una condotta economica e politica concertata. I razzismi del XIX e del XX secolo vi troveranno alcune delle loro radici. Che lo Stato sappia quel che ne è del sesso dei cittadini e dell'uso che ne fanno, ma che ciascuno, anche, sia capace di controllare l'uso che ne fa. Fra lo Stato e l'individuo il sesso è diventato una posta in gioco, la cui rilevanza è pubblica; tutta una trama di discorsi, di saperi, di analisi e di ingiunzioni l'hanno investito.

Lo stesso vale per il sesso dei bambini. Si dice spesso che l'età classica l'ha sottomesso ad un'occultazione da cui non si è praticamente mai liberato prima dei *Tre Saggi* o delle benefiche angosce del piccolo Hans. È vero che un'antica "libertà" di linguaggio è potuta scomparire fra bambini ed adulti o alunni e maestri. Nessun pedagogo del XVII secolo avrebbe consigliato pubblicamente il suo discepolo, come Erasmo nei *Dialoghi*, sulla scelta di una buona prostituta. E le risa rumorose che avevano accompagnato cosí a lungo e, pare, in tutte le classi sociali, la sessualità precoce dei bambini, a poco a poco si sono spente. Pure non è una pura e semplice riduzione al silenzio. È piuttosto un nuovo regime dei discorsi. Non se ne parla meno, anzi; ma lo si fa diversamente; sono altre persone che ne parlano, a partire da altri punti di vista e per ottenere altri effetti. Il mutismo stesso, le cose che ci si rifiuta di dire o che si vieta di nominare, la discrezione che si richiede fra certi locutori, sono elementi che funzionano accanto alle cose dette, con esse ed in rapporto ad esse in strategie d'insieme, piuttosto che il limite assoluto del discorso, l'altro versante da cui una rigida frontiera lo separerebbe. Non va fatta una distinzione binaria fra quel che si dice e quel che non si dice; bisognerebbe invece cercare di determinare le diverse maniere di non dire, come si distribuiscono quelli che possono e quelli che non possono parlarne, quale tipo di discorso è autorizzato o quale forma di discrezione è richiesta per gli uni e per gli altri. Non c'è uno, ma piú tipi di silenzio, ed essi fanno parte integrante delle strategie che sottendono ed attraversano i discorsi.

Prendiamo l'esempio dei collegi d'insegnamento del XVIII secolo. Globalmente si può avere l'impressione che non vi si parli quasi mai del sesso. Ma è sufficiente gettare uno sguardo sui dispositivi architetturali, sui regolamenti di disciplina e su tutta l'organizzazione interna: non smettono mai di parlarne. I costruttori vi hanno pensato, ed esplicitamente. Gli organizzatori lo prendono in considerazione in modo permanente. Tutti i detentori di una parte d'autorità sono posti in uno stato d'allarme costante, che l'organizzazione, le precauzioni prese, il gioco delle punizioni e delle responsabilità rilanciano senza tregua. Lo spazio della classe, la forma dei tavoli, la disposizione dei cortili di ricreazione, la distribuzione dei dormitori (con o senza pareti divisorie, con o senza tende), i regolamenti di sorveglianza previsti per il momento di andare a letto e durante il sonno, tutto ciò rinvia, nel modo piú prolisso, alla sessualità dei bambini.[12] Quel che si potrebbe chiamare il discorso interno dell'istituzione — quello cioè che essa fa a se stessa e che circola tra coloro che la fanno funzionare — è articolato per una parte importante sulla constatazione che questa sessualità esiste, precoce, attiva, permanente. Ma c'è di piú: il sesso del collegiale è diventato nel corso del XVIII secolo — ed in modo piú preciso di quello degli adolescenti in generale — un problema pubblico. I medici si rivolgono ai direttori dei collegi ed ai professori, ma danno il loro parere anche alle famiglie; i pedagoghi fanno progetti che sottomettono alle autorità; i maestri si rivolgono agli alunni, fanno raccomandazioni e redigono per loro libri d'esortazione, di esempi morali o medici. Intorno al collegiale ed al suo sesso prolifera tutta una letteratura di precetti, di pareri, di osservazioni, di consigli medici, di casi clinici, di schemi di riforma, di piani per

[12] *Règlement de police pour les lycées*, 1809, art. 67. "Ci sarà sempre, durante le ore di lezione e di studio, un maestro che sorvegli i corridoi, per impedire che gli allievi usciti per i bisogni si soffermino e si riuniscano.

"68. Dopo la preghiera della sera, gli allievi saranno riaccompagnati nel dormitorio dove i maestri li faranno subito mettere a letto.

"69. I maestri non si coricheranno se non dopo essersi assicurati che ogni allievo è nel suo letto.

"70. I letti saranno separati da pareti divisorie di due metri d'altezza. I dormitori saranno illuminati durante la notte."

istituzioni ideali. Con Basedow e il movimento "filantropico" tedesco, questa trasposizione in discorso del sesso adolescente ha preso un'ampiezza considerevole. Saltzmann aveva addirittura organizzato una scuola sperimentale, il cui carattere peculiare era un controllo ed un'educazione del sesso cosí ben ragionati che l'universale peccato della giovinezza non doveva praticarvisi mai. Ed in tutte queste misure che venivano prese, il bambino non doveva essere solo l'oggetto muto ed incosciente di preoccupazioni concertate soltanto fra gli adulti; gli s'imponeva un certo discorso ragionevole, limitato, canonico e vero sul sesso — una specie di ortopedia discorsiva. La grande festa, organizzata al *Philanthropinum* nel mese di maggio 1776, può servire da illustrazione. Fu nella forma mista dell'esame, del certame poetico, della distribuzione di premi e della visita di leva che si celebrò la prima comunione solenne del sesso adolescente e del discorso ragionevole. Per mostrare il successo dell'educazione sessuale che veniva impartita agli allievi, Basedow aveva invitato tutto quanto la Germania poteva annoverare di illustre (Goethe era stato uno dei rari a declinare l'invito). Dinanzi al pubblico riunito, uno dei professori, Wolke, pone agli allievi domande scelte sui misteri del sesso, della nascita, della procreazione: fa commentare loro delle stampe che rappresentano una donna incinta, una coppia, una culla. Le risposte sono dotte, senza vergogna né fastidio. Nessun riso disdicevole viene a turbarle — salvo appunto da parte di un pubblico adulto piú infantile che i bambini stessi, e che Wolke rimprovera severamente. Si applaudono infine questi ragazzi paffuti che, dinanzi ai grandi, intrecciano con sapere accorto le ghirlande del discorso e del sesso.[13]

Sarebbe inesatto dire che l'istituzione pedagogica ha imposto massicciamente il silenzio al sesso dei bambini e degli adolescenti. Al contrario, a partire dal XVIII secolo ha moltiplicato su questo argomento le forme di discorsi; gli ha creato punti d'innesto; ha codificato i contenuti e qualificato i locutori. Parlare del sesso dei bambini, farne parlare gli educatori,

[13] J. Schummel, *Fritzens Reise nach Dessau*, 1776, citato da A. Pinloche, *La Réforme de l'éducation en Allemagne au XVIII siècle*, 1889, pp. 125-129.

i medici, gli amministratori ed i genitori, o parlarne loro, fare parlare i bambini stessi e stringerli in una trama di discorsi che ora si rivolgono a loro, ora parlano di loro, ora impongono loro delle conoscenze canoniche, ora formano a partire da loro un sapere che essi non potranno controllare, — tutto ciò permette di connettere un'intensificazione dei poteri ed una moltiplicazione del discorso. Il sesso dei bambini e degli adolescenti, a partire dal XVIII secolo, è diventato una posta importante intorno alla quale innumerevoli dispositivi istituzionali e strategie discorsive sono stati disposti. È possibile che si sia sottratto agli adulti, come ai bambini, un certo modo di parlarne; e che lo si sia squalificato perché diretto, crudo, volgare. Ma questa non era che la contropartita, e forse la condizione perché funzionassero altri discorsi, multiformi, intrecciati, sottilmente gerarchizzati, e tutti saldamente articolati intorno ad un fascio di relazioni di potere.

Si potrebbero citare molti altri centri che, a partire dal XVIII o dal XIX secolo, sono entrati in attività per suscitare i discorsi sul sesso. Prima la medicina, per il tramite delle "malattie dei nervi"; in seguito la psichiatria, quando si mette a cercare dal lato dell'"eccesso," poi dell'onanismo, dell'insoddisfazione, delle "frodi alla procreazione" l'eziologia delle malattie mentali, ma soprattutto quando si annette come un suo territorio l'insieme delle perversioni sessuali; la giustizia penale anche, che aveva avuto a lungo a che fare con la sessualità, soprattutto sotto la forma di crimini "enormi" e contro natura, ma che, verso la metà del XIX secolo, si apre alla giurisdizione minuta dei piccoli delitti, degli oltraggi minori, delle perversioni senza importanza; infine tutti quei controlli sociali che si sviluppano alla fine del secolo scorso, e che filtrano la sessualità delle coppie, dei genitori e dei figli, degli adolescenti pericolosi ed in pericolo — incominciando a proteggere, separare, prevenire, segnalando dappertutto pericoli, risvegliando la vigilanza, invocando diagnosi, accumulando rapporti, organizzando terapie; essi irradiano i discorsi intorno al sesso, intensificando la coscienza di un pericolo incessante che rilancia a sua volta l'incitazione a parlarne.

Un giorno del 1867, viene denunciato un bracciante del villaggio di Lapcourt, un po' semplice di spirito, impiegato secondo le stazioni dagli uni o dagli altri, nutrito qua e là da un po' di carità e in cambio del piú duro lavoro, che dorme nei granai o nelle scuderie: al margine d'un campo, aveva ottenuto da una bambina qualche carezza, come aveva già fatto, come aveva visto fare, come facevano intorno a lui i ragazzini del villaggio; al limitare del bosco, o nel fossato della strada che conduce a Saint-Nicolas si giocava familiarmente al gioco che era chiamato "del latte cagliato." Egli viene dunque segnalato dai genitori della bambina al sindaco del villaggio, denunciato dal sindaco ai gendarmi, condotto dai gendarmi dinanzi al giudice, incolpato da questi e fatto visitare da un primo medico, poi da altri due esperti che, dopo aver redatto il loro rapporto, lo pubblicano.[14] L'importante in questa storia è il suo carattere minuscolo; è che questa realtà quotidiana della sessualità di villaggio, questi infimi piaceri rubati dietro un cespuglio siano potuti diventare, da un certo momento in poi, oggetto non solo di un'intolleranza collettiva, ma di un'azione giudiziaria, di un intervento medico, di un esame clinico attento, e di tutta un'elaborazione teorica. L'importante è che di questo personaggio, fino ad allora parte integrante della vita contadina, si sia cominciato a misurare la scatola cranica, a studiare l'ossatura della faccia, ad ispezionare l'anatomia per rilevarvi i segni possibili di degenerescenza; che lo si sia fatto parlare; che lo si sia interrogato sui suoi pensieri, inclinazioni, abitudini, sensazioni, opinioni. E che si sia infine deciso, considerandolo non responsabile del delitto, di farne un puro oggetto di medicina e di sapere — oggetto da sotterrare, fino alla fine della sua vita, nell'ospedale di Maréville, ma da far conoscere anche al mondo dei dotti attraverso un'analisi particolareggiata. Possiamo scommettere che nella stessa epoca il maestro di Lapcourt insegnava ai bambini del villaggio a castigare il loro linguaggio e a non parlar piú di tutte queste cose ad alta voce. Ma questa era probabilmente una delle condizioni perché le istituzioni di

[14] H. Bonnet e J. Bulard, *Rapport médico-légal sur l'état mental de Ch.-J. Jouy*, 4 gennaio 1868.

sapere e di potere potessero occupare questo piccolo teatro di tutti i giorni con il loro discorso solenne. Questi gesti senza età, questi piaceri appena furtivi che i semplici di spirito scambiavano coi bambini piú vivaci, la nostra società — ed è stata probabilmente la prima nella storia — li ha investiti di tutto un dispositivo discorsivo, di analisi e di conoscenza.

Fra l'inglese libertino, che si accaniva a scrivere per se stesso le stranezze della sua vita segreta, ed il suo contemporaneo, questo sempliciotto di villaggio che dava qualche soldo alle bambine per dei piaceri che le piú grandi gli rifiutavano, c'è senza alcun dubbio un qualche legame profondo: da un'estremità all'altra, il sesso è diventato, in ogni caso, qualcosa da dire e da dire esaustivamente, secondo dispositivi discorsivi diversi ma tutti a loro modo costrittivi. Confidenza sottile o interrogatorio autoritario, il sesso, raffinato o rustico, deve esser detto. Una grande ingiunzione polimorfa domina tanto l'anonimo inglese che il povero contadino della Lorena, che la storia ha voluto si chiamasse Jouy.[14bis]

A partire dal XVIII secolo il sesso non ha smesso di provocare una specie di eretismo discorsivo generalizzato. E questi discorsi sul sesso non si sono moltiplicati al di fuori del potere o contro di esso, ma proprio là dove si esercitava e come strumento del suo esercizio; dappertutto sono state organizzate incitazioni a parlare, dappertutto dispositivi per ascoltare e registrare, dappertutto modalità per osservare, interrogare e formulare. Lo si scova e lo si obbliga ad un'esistenza discorsiva. Dall'imperativo singolo che impone a ciascuno di fare della propria sessualità un discorso permanente, fino ai meccanismi multiformi che, nell'ordine dell'economia, della pedagogia, della medicina, della giustizia incitano, estraggono, organizzano, istituzionalizzano il discorso del sesso, la nostra civiltà ha sollecitato ed organizzato una prolissità immensa. Forse nessun altro tipo di società ha mai accumulato, ed in una storia relativamente cosí breve, una tale quantità di discorsi sul sesso. Forse ancora ne parliamo piú che di ogni altra cosa; ci osti-

[14bis] Questo cognome si pronuncia in francese come il participio passato del verbo *jouir*: godere. [*N.d.T.*]

niamo in questo compito; ci convinciamo per uno strano scrupolo che non ne diciamo mai abbastanza, che siamo troppo timidi e paurosi, che ci nascondiamo l'accecante evidenza per inerzia o sottomissione, e che l'essenziale ci sfugge sempre, che bisogna ancora una volta partire alla ricerca. La piú inesauribile, la piú impaziente delle società, quanto al sesso, è ben possibile che sia la nostra.

Pure, questo primo sguardo d'insieme mostra che si tratta, piuttosto che di *un* discorso sul sesso, di una molteplicità di discorsi prodotti da tutta una serie di dispositivi che funzionano in istituzioni diverse. Il Medio Evo aveva organizzato intorno al tema della carne e della pratica della penitenza un discorso abbastanza saldamente unitario. Nel corso degli ultimi secoli, questa relativa unità è stata scomposta, dispersa, moltiplicata in un'esplosione di discorsività distinte che hanno preso forma all'interno della demografia, della biologia, della medicina, della psichiatria, della psicologia, della morale, della pedagogia, della critica politica. O piuttosto, lo stretto legame che univa tra di loro la teologia morale della concupiscenza e l'obbligo della confessione (il discorso teorico sul sesso e la sua formulazione in prima persona) è stato se non rotto, almeno allentato e diversificato: fra l'oggettivazione del sesso all'interno di discorsi razionali ed il movimento attraverso il quale ciascuno è fissato al compito di raccontare il proprio sesso, si è prodotta con il XVIII secolo tutta una serie di tensioni, di conflitti, di sforzi di adattamento, di tentativi di ritrascrizione. Non è dunque semplicemente in termini di estensione continua che bisogna parlare di questa crescita discorsiva; vi si deve vedere piuttosto una dispersione dei nuclei centrali a partire dai quali si fanno questi discorsi, una diversificazione delle loro forme ed il dispiegamento complesso della rete che li lega. Piuttosto che la preoccupazione uniforme di nascondere il sesso, piuttosto che un pudore generalizzato del linguaggio, quel che caratterizza gli ultimi tre secoli è la varietà, l'ampia dispersione degli strumenti che sono stati inventati per parlarne, per farne parlare, per ottenere che parli da solo, per ascoltare, registrare, trascrivere e ridistribuire quel che se ne dice.

Intorno al sesso s'intesse tutta una trama di trasposizioni in discorso, varie, specifiche e coercitive: una censura massiccia, che fa seguito alle decenze verbali imposte dall'età classica? Si tratta piuttosto di un'incitazione regolata e polimorfa ai discorsi.

Si obietterà probabilmente che se, per parlare del sesso, sono stati necessari tante stimolazioni e tanti meccanismi costrittivi è appunto perché regnava, complessivamente, un certo divieto fondamentale; solo delle necessità precise — urgenze economiche, utilità politiche — hanno potuto abolire questo divieto ed aprire al discorso sul sesso una qualche via d'accesso, ma sempre limitata ed accuratamente codificata; parlare tanto del sesso, organizzare tanti dispositivi insistenti perché se ne parli, ma in condizioni ben definite, tutto questo non prova che il sesso è sotto segreto e soprattutto che si cerca ancora di tenervelo? Ma bisognerebbe esaminare attentamente proprio questo tema cosí frequente che il sesso è respinto fuori del discorso e che solo l'eliminazione di un ostacolo, la rottura di un segreto può aprire la strada che conduce fino ad esso. Questo tema non fa forse parte dell'ingiunzione con la quale si suscita il discorso? Non è per incitare a parlarne, ed a ricominciare sempre, che lo si fa intravedere oggi al limite esterno di ogni discorso, come il segreto che è indispensabile scovare — una cosa abusivamente ridotta al mutismo, e che è ad un tempo difficile e necessario, pericoloso e prezioso dire? Non bisogna dimenticare che la pastorale cristiana, facendo del sesso ciò che, per eccellenza, doveva esser confessato, l'ha sempre presentato come l'enigma inquietante: non ciò che si mostra ostinatamente, ma quel che si nasconde dappertutto, l'insidiosa presenza alla quale si rischia di restare sordi tanto essa parla a voce bassa e spesso irriconoscibile. Il segreto del sesso non è probabilmente la realtà fondamentale rispetto alla quale si collocano tutte le incitazioni a parlarne — sia che cerchino di infrangerlo, sia che lo riproducano oscuramente per il modo stesso in cui ne parlano. Si tratta piuttosto di un tema che fa parte della meccanica stessa di queste incitazioni: un modo di dar forma all'esigenza di parlarne, una favola indispensabile all'economia indefinitamente proliferante del discorso sul sesso. Quel che è caratteristico delle società moderne non è che abbiano condannato il sesso a restare nell'ombra, ma che siano condannate a parlarne sempre, facendolo passare per *il* segreto.

2.

L'insediamento perverso

Si può a questo punto sollevare un'obiezione: in questa proliferazione di discorsi si avrebbe torto di vedere un semplice fenomeno quantitativo, qualcosa come una pura crescita, come se quel che si dice fosse indifferente, come se il fatto che se ne parla fosse in sé piú importante delle forme di imperativi che gli s'impongono parlandone. Questa trasposizione in discorso del sesso non potrebbe essere finalizzata al compito di scacciare dalla realtà le forme di sessualità che non sono subordinate alla rigida economia della riproduzione: dire di no alle attività infeconde, bandire i piaceri irregolari, ridurre o escludere le pratiche che non hanno per scopo la generazione? Attraverso tutti questi discorsi si sono moltiplicate le condanne giudiziarie delle piccole perversioni; si è annessa l'irregolarità sessuale alla malattia mentale; dall'infanzia alla vecchiaia, si è definita una norma dello sviluppo sessuale; si sono caratterizzate con cura tutte le deviazioni possibili; si sono organizzati controlli pedagogici e cure mediche; intorno alle minime fantasie i moralisti, ma anche e soprattutto i medici, hanno chiamato a raccolta tutto il vocabolario enfatico dell'abominazione: non sono questi altrettanti mezzi messi in opera per riassorbire, a profitto di una sessualità centrata sulla genitalità, tanti piaceri senza frutto? Tutta quest'attenzione loquace con cui facciamo chiasso intorno alla sessualità da due o tre secoli, non è finalizzata ad una preoccupazione elementare: assicurare il popolamento, riprodurre la forza lavoro e la forma dei rapporti sociali; insomma organizzare una sessualità economicamente utile e politicamente conservatrice?

Non so ancora se l'obiettivo è veramente questo. Ma in ogni caso non è affatto attraverso una riduzione che si è cercato di raggiungerlo. Il XIX secolo ed il nostro sono stati piuttosto l'epoca della moltiplicazione: una dispersione delle sessualità, un rafforzamento delle loro forme disparate, un insediamento multiforme delle "perversioni." La nostra epoca è stata iniziatrice di eterogeneità sessuali.

Fino alla fine del XVIII secolo tre grandi codici espliciti — al di fuori delle regole dei costumi e delle costrizioni dell'opinione — regolavano le pratiche sessuali: diritto canonico, pastorale cristiana e legge civile. Essi fissavano, ciascuno a suo modo, la distinzione fra lecito ed illecito. Erano tutti centrati sulle relazioni matrimoniali: il dovere coniugale, la capacità di assolverlo, il modo in cui lo si osservava, le esigenze e le violenze di cui lo si accompagnava, le carezze inutili o indebite a cui serviva da pretesto, la sua fecondità o la maniera in cui ci si dava da fare per renderlo sterile, i momenti in cui lo si richiedeva (periodi pericolosi della gravidanza e dell'allattamento, tempo proibito della quaresima o delle astinenze), la sua frequenza e la sua rarità —, questo soprattutto era saturo di prescrizioni. La vita sessuale dei coniugi era ossessionata di regole e di raccomandazioni. La relazione matrimoniale era il luogo in cui si addensavano il maggior numero di costrizioni; se ne parlava piú che di ogni altra, essa doveva confessarsi fin nei particolari. Era particolarmente sorvegliata: se era in difetto, doveva venire alla luce e provar le sue ragioni dinanzi a testimoni. Il "resto" rimaneva molto piú confuso: si pensi all'incertezza dello statuto della "sodomia" o all'indifferenza nei confronti della sessualità infantile.

Inoltre, questi vari codici non facevano una distinzione netta fra le infrazioni alle regole matrimoniali e le deviazioni rispetto alla genitalità. Infrangere le leggi del matrimonio o cercare piaceri strani procurava in ogni caso una condanna. Nella lista dei peccati gravi, distinti solo per la loro importanza, figuravano lo stupro (relazioni al di fuori del matrimonio), l'adulterio, il ratto, l'incesto spirituale o carnale, ma anche la sodomia, o la "carezza" reciproca. Quanto ai tribunali, potevano condannare tanto l'omosessualità che l'infedeltà, il matrimonio senza il consenso dei genitori o la bestialità. Nell'ordine civile come nell'ordine religioso, quel che era preso in considerazione era un illegalismo d'insieme. Probabilmente la "contronatura" vi era caratterizzata in modo particolarmente abominevole; ma era percepita solo come una forma estrema di ciò che è "contro la legge"; infrangeva anch'essa dei decreti — decreti sacri come quelli del matrimonio e che erano stati stabiliti per governare l'ordine delle cose ed il piano degli esseri. Le proibizioni che si riferivano al sesso erano fondamentalmente di natura giuridica. La "natura," su cui accadeva che le si basasse, era ancora una specie di diritto. Per molto tempo gli ermafroditi furono dei criminali, o dei figli del crimine, poiché la loro disposizione anatomica, il loro stesso essere confondeva la legge che distingueva i sessi e prescriveva la loro unione.

A questo sistema centrato sul matrimonio legittimo l'esplosione discorsiva del XVIII e XIX secolo ha fatto subire due modificazioni. Innanzitutto, un movimento centrifugo rispetto alla monogamia eterosessuale. Certo, essa continua ad essere la regola interna a cui viene riferito il campo delle pratiche e dei piaceri. Ma se ne parla sempre meno, ed in ogni caso con crescente sobrietà. Si rinuncia a braccarla nei suoi segreti; non le si chiede piú di dichiararsi pubblicamente giorno per giorno. La coppia legittima, con la sua sessualità regolare, ha diritto ad una maggiore discrezione. Tende a funzionare come una norma, piú rigorosa forse, ma piú silenziosa. Al contrario quel che s'interroga è la sessualità infantile, quella dei pazzi e dei criminali; è il piacere di coloro che non amano l'altro sesso; sono le fantasticherie, le ossessioni, le piccole manie o i grandi furori. Spetta ora a tutte queste figure, un tempo appena intraviste, di farsi avanti per prendere la parola e fare la confessione difficile di quel che sono. Probabilmente non le si condanna di meno. Ma le si ascolta; e se capita che s'interroghi di nuovo la sessualità regolare è per un movimento di riflusso, a partire da queste sessualità periferiche.

Di qui l'estrazione, nel campo della sessualità, di una dimensione specifica della "contronatura." Rispetto ad altre forme condannate (e che lo sono sempre meno), come l'adulterio o il ratto, esse prendono una autonomia: sposare una parente prossima o praticare la sodomia, sedurre una religiosa o esercitare il sadismo, ingannare la propria moglie o violentare dei cadaveri diventano cose essenzialmente diverse. Il campo coperto dal sesto comandamento comincia a dissociarsi. Si disfa anche, nell'ordine civile, la categoria confusa della "dissolutezza," che era stata per piú di un secolo una delle ragioni piú frequenti della reclusione amministrativa. Dalle sue macerie sorgono da una parte le infrazioni alla legislazione (o alla morale) del matrimonio e della famiglia e dall'altra gli attacchi portati alla regolarità di un funzionamento naturale (attacchi che la legge, d'altronde, può sanzionare). È forse questa una ragione, fra altre, del prestigio di Don Giovanni, che tre secoli non hanno estinto. Dietro il grande trasgressore delle regole del matrimonio — ladro di donne, seduttore di vergini, vergogna delle famiglie e insulto per i mariti e per i padri — traspare un altro personaggio: colui che è attraversato, suo malgrado, dalla raccapricciante follia del sesso. Dietro il libertino, il perverso. Egli infrange deliberatamente una legge, ma contemporaneamente qualcosa come una natura sviata lo trascina lontano da ogni natura; la sua morte è il momento in cui il ritorno soprannaturale dell'offesa e della vendetta incontra la fuga nella contronatura. L'esistenza di Don Giovanni, sorta alla loro comune frontiera, sconvolge i due grandi sistemi di regole che l'Occidente volta a volta ha concepito per governare il sesso — la legge del matrimonio e l'ordine dei desideri. Lasciamo gli psicanalisti interrogarsi per sapere se egli era omosessuale, narcisista o impotente.

Non senza lentezze ed equivoci leggi naturali del matrimonio e regole immanenti alla sessualità cominciano ad iscriversi su due registri distinti. Si delinea un mondo della perversione che è secante rispetto a quello dell'infrazione legale o morale, ma non ne è soltanto una varietà. Tutto un piccolo popolo nasce, diverso dai vecchi libertini nonostante qualche relazione di parentela. Dalla fine del XVIII secolo fino al nostro, corrono negli interstizi della società, perseguitati ma non sempre dalle leggi, rinchiusi spesso ma non sempre nelle prigioni, malati forse, ma scandalose, pericolose vittime, preda d'uno strano male che porta anche il nome di vizio e talvolta di delitto. Bambini troppo svegli, ragazzette precoci, collegiali ambigui, domestici ed educatori equivoci, mariti crudeli o maniaci, collezionisti solitari, passeggiatori dagli strani impulsi: essi popolano i consigli di disciplina, le case di correzione, le colonie penitenziarie, i tribunali ed i manicomi; portano dai medici la loro infamia e dai giudici la loro malattia. È l'innumerevole famiglia dei perversi, che sono vicini ai delinquenti e si apparentano ai pazzi. Hanno portato successivamente nel corso del secolo il marchio della "follia morale," della "nevrosi genitale," della "aberrazione del senso genetico," della "degenerescenza," o dello "squilibrio psichico."

Che cosa significa l'apparizione di tutte queste sessualità periferiche? Che possano apparire alla luce del giorno significa forse che la regola si fa meno rigida? O il fatto che vi si dedichi tanta attenzione dimostra l'esistenza di un regime piú severo e la preoccupazione di stabilire su di esse un controllo rigoroso? In termini di repressione le cose sono ambigue: indulgenza, se si pensa che la severità dei medici a proposito dei delitti sessuali si è considerevolmente attenuata nel XIX secolo, e che la giustizia spesso se ne è dichiarata incompetente a profitto della medicina; ma scaltrezza supplementare della severità, se si pensa a tutte le istanze di controllo ed a tutti i meccanismi di sorveglianza inventati dalla pedagogia o dalla terapeutica. È ben possibile che l'intervento della Chiesa nella sessualità coniugale ed il suo rifiuto delle "frodi" alla procreazione abbiano perduto da 200 anni molto della loro insistenza. Ma la medicina è, invece, entrata in forze nei piaceri della coppia: ha inventato tutta una patologia organica, funzionale o mentale, che nascerebbe dalle pratiche sessuali "incomplete"; ha classificato con cura tutte le forme secondarie di piacere; le ha integrate allo "sviluppo" ed alle "perturbazioni" dell'istinto; ne ha iniziato la gestione.

L'importante non è forse nel grado d'indulgenza o nella quantità di repressione; ma nella forma di potere che viene esercitata. Quando si nomina, quasi si volesse farla sorgere, tutta questa vegetazione di sessualità disparate, si tratta forse di escluderle dal reale? In realtà, mi sembra che la funzione del potere che si esercita qui non sia quella del divieto, ma che si sia trattato di quattro operazioni ben diverse dalla semplice proibizione.

1. Prendiamo, da una parte, le vecchie proibizioni di relazioni matrimoniali fra consanguinei (per quanto numerose e complesse siano) o la condanna dell'adulterio, con la sua inevitabile frequenza; dall'altra, i controlli recenti con i quali si è investita a partire dal XIX secolo la sessualità dei bambini e si è data la caccia alle loro "abitudini solitarie." È evidente che non si tratta dello stesso meccanismo di potere. Non solo perché si tratta in questo caso di medicina, ed in quello di legge; qui di *dressage*, lí di diritto penale; ma anche perché la tattica messa in opera non è la stessa. In apparenza si tratta nei due casi di un compito di eliminazione destinato in permanenza allo scacco e costretto sempre a ricominciare. Ma il divieto degli "incesti" prende di mira il suo obiettivo attraverso una diminuzione asintotica di quel che condanna; mentre il controllo della sessualità infantile lo prende di mira attraverso una diffusione simultanea del proprio potere e dell'oggetto sul quale si esercita. Esso procede secondo una duplice crescita prolungata all'infinito. Certo, i pedagoghi ed i medici hanno combattuto l'onanismo dei bambini come un'epidemia che si vorrebbe estinguere. Ma nei fatti, durante tutta questa campagna secolare, che ha mobilitato il mondo adulto intorno al sesso dei bambini, si è trattato di far leva su questi piaceri minuti, di costituirli come segreti (cioè di costringerli a nascondersi per mettersi in condizione di scoprirli), di risalirne il filo, di seguirli dalle origini agli effetti, di dare la caccia a tutto ciò che potrebbe indurli o soltanto permetterli; dovunque rischiavano di manifestarsi si sono installati dispositivi di sorveglianza, posti tranelli per costringere alla confessione, imposti discorsi inesauribili e correttivi; si sono messi in allarme i genitori e gli educatori, insinuato in loro il sospetto che tutti i bam-

bini siano colpevoli, e la paura d'essere essi stessi colpevoli se non li sospettano abbastanza; li si è tenuti in guardia dinanzi a questo pericolo ricorrente; si è prescritta la loro condotta e ricodificata la loro pedagogia; nello spazio familiare sono stati ancorati i punti d'innesto di tutto un regime medico-sessuale. Il "vizio" del bambino è piú un supporto che un nemico; lo si può, se si vuole, designare come il male da sopprimere; ma lo scacco necessario, l'estremo accanimento in un compito abbastanza vano, fanno sospettare che si chieda di persistere, di proliferare ai limiti del visibile e dell'invisibile, piuttosto che di sparire per sempre. Lungo tutta questa linea di appoggio il potere avanza, moltiplica le sue connessioni ed i suoi effetti, mentre il suo bersaglio si estende, si suddivide e si ramifica, penetrando nel reale di pari passo. Si tratta in apparenza di un dispositivo di sbarramento; nei fatti sono disposte, tutt'intorno al bambino, delle *linee di penetrazione* indefinita.

2. Questa nuova caccia alle sessualità periferiche comporta un'*incorporazione delle perversioni* ed una *specificazione nuova degli individui*. La sodomia — quella degli antichi diritti civile o canonico — era un tipo particolare di atti vietati; il loro autore ne era soltanto il soggetto giuridico. L'omosessuale del XIX secolo, invece, è diventato un personaggio: un passato, una storia, ed un'infanzia, un carattere, una forma di vita; una morfologia anche, con un'anatomia indiscreta e forse una fisiologia misteriosa. Nulla di quel ch'egli è complessivamente sfugge alla sua sessualità. Essa è presente in lui dappertutto: soggiacente a tutti i suoi comportamenti poiché ne è il principio insidioso ed indefinitamente attivo; iscritta senza pudore sul suo volto e sul suo corpo perché è un segreto che si tradisce sempre. Gli è consustanziale piú come una natura particolare che come un peccato d'abitudine. Non bisogna dimenticare che la categoria psicologica, psichiatrica e medica dell'omosessualità si è costituita il giorno in cui — il famoso articolo di Westphal del 1870 sulle "sensazioni sessuali contra-

rie" può essere considerato come data di nascita[15] — è stata caratterizzata piuttosto attraverso una certa qualità della sensibilità sessuale, una certa maniera d'invertire in se stessi l'elemento maschile e quello femminile, che attraverso un tipo di relazioni sessuali. L'omosessualità è apparsa come una delle figure della sessualità quando è stata ricondotta dalla pratica della sodomia ad una specie di androginia interiore, un ermafroditismo dell'anima. Il sodomita era un recidivo, l'omosessuale ormai è una specie.

Come sono delle specie tutti i piccoli perversi che gli psichiatri del XIX secolo entomologizzavano dando loro strani nomi di battesimo: ci sono gli esibizionisti di Lasègue, i feticisti di Binet, gli zoofili e zooerasti di Krafft-Ebing, gli automonosessualisti di Rohleder; ci saranno i missoscopofili, i ginecomasti, i presbiofili, gli invertiti sessoestetici e le donne dispareuniste. Questi bei nomi di eresie rinviano ad una natura che si distrarrebbe abbastanza da sé per sfuggire alla legge, ma sarebbe sufficientemente presente a se stessa per continuare a produrre ancora delle specie, anche là dove non c'è piú ordine. La meccanica del potere che dà la caccia a tutto quest'universo disparato non pretende di sopprimerlo dandogli una realtà analitica, visibile o permanente: essa lo fa entrare nei corpi, insinuarsi dietro i comportamenti, ne fa un principio di classificazione e d'intelligibilità, lo costituisce come ragion d'essere ed ordine naturale del disordine. Esclusione di queste mille sessualità aberranti? No, specificazione piuttosto, solidificazione regionale di ciascuna di esse. Si tratta, disseminandole, di diffonderle nel reale e d'incorporarle all'individuo.

3. Piú che dei vecchi divieti, questa forma di potere ha bisogno per esercitarsi di presenze costanti, attente, curiose anche; presuppone una prossimità; procede attraverso esami ed osservazioni insistenti; richiede uno scambio di discorsi, tramite domande che estorcono confessioni e confidenze che vanno al di là delle richieste. Implica un approccio fisico ed un gioco

[15] Westphal, *Archiv für Neurologie*, 1870.

di sensazioni intense. Di tutto ciò la medicalizzazione di quel che è insolito nel mondo sessuale è ad un tempo l'effetto e lo strumento. Fatte entrare nel corpo, diventate carattere profondo degli individui, le stranezze del sesso fanno parte di una tecnologia della salute e del patologico. E inversamente, dal momento che sono una realtà medica o medicalizzabile, è in quanto lesione, disfunzione o sintomo che bisogna andare a sorprenderle nel fondo dell'organismo o sulla superficie della pelle o fra tutti i segni del comportamento. Il potere che si occupa in tal modo della sessualità si fa un dovere di sfiorare i corpi; li accarezza con gli occhi; ne intensifica regioni; elettrizza superfici; drammatizza momenti di turbamento; afferra per la vita il corpo sessuale. Aumento dell'efficacia probabilmente ed estensione dell'ambito controllato. Ma anche sensualizzazione del potere e beneficio di piacere. Questo produce un duplice effetto: un impulso viene dato al potere dal suo stesso esercizio; un'emozione ricompensa il controllo che sorveglia e lo porta piú avanti; l'intensità della confessione rilancia la curiosità delle domande; il piacere scoperto rifluisce verso il potere che lo circoscrive. Ma tante domande insistenti rendono singolari, in colui che deve rispondere, i piaceri che prova; lo sguardo li fissa, l'attenzione li isola e li anima. Il potere funziona come un meccanismo di richiamo, attira, estrae le stranezze sulle quali veglia. Il piacere si trasmette al potere che lo insegue; il potere fissa il piacere che ha appena stanato. L'esame medico, l'investigazione psichiatrica, il rapporto pedagogico, i controlli familiari possono ben avere come obiettivo globale ed apparente di dire di no a tutte le sessualità erranti o improduttive; nei fatti, funzionano come meccanismi a doppio impulso: piacere e potere. Piacere di esercitare un potere che interroga, sorveglia, fa la posta, spia, fruga, palpa, porta alla luce; e dall'altro lato, piacere che si accende per dover sfuggire a questo potere, sottrarvisi, ingannarlo o travisarlo. Potere che si lascia invadere dal piacere cui dà la caccia; e di fronte ad esso, potere che si afferma nel piacere di mostrarsi, di scandalizzare o di resistere. Captazione e seduzione; scontro e rafforzamento reciproco: i genitori ed i figli, l'adulto e l'adolescente, l'educatore e gli alunni, i medici ed i malati, lo psichiatra con la sua isterica ed i suoi perversi non hanno smesso di svolgere questo ruolo. Questi richiami, queste elusioni, queste incitazioni circolari hanno disposto intorno ai sessi ed ai corpi, non delle frontiere da non oltrepassare, ma *le spirali perpetue* del potere e del piacere.

4. Di qui i *dispositivi di saturazione sessuale*, cosí caratteristici dello spazio e dei riti sociali del XIX secolo. Si è detto spesso che la società moderna ha cercato di ridurre la sessualità alla coppia, — alla coppia eterosessuale e per quanto possibile legittima. Si potrebbe dire altrettanto bene ch'essa ha se non inventato, almeno accuratamente organizzato e fatto proliferare i gruppi a piú elementi ed a sessualità circolante: una distribuzione di punti di potere, gerarchizzati o in urto fra di loro; piaceri "ricercati" — cioè ad un tempo desiderati e perseguitati; sessualità parcellari tollerate o incoraggiate; prossimità che si offrono come procedimenti di sorveglianza, e che funzionano come meccanismi d'intensificazione; contatti induttori. È cosí della famiglia, o piuttosto di tutti coloro che vivono nella stessa casa, coi genitori, i figli ed in certi casi i domestici. La famiglia del XIX secolo è veramente una cellula monogamica e coniugale? Forse sí, in una certa misura. Ma è anche una rete di piaceri-poteri articolati in piú punti e con relazioni variabili. La separazione degli adulti e dei bambini, la polarità stabilita fra la camera dei genitori e quella dei figli (che è diventata canonica nel corso del secolo, quando si sono cominciate a costruire le abitazioni popolari), la segregazione relativa dei ragazzi e delle ragazze, le consegne rigorose di cure da somministrare ai neonati (allattamento materno, igiene), l'attenzione risvegliata sulla sessualità infantile, i pretesi pericoli della masturbazione, l'importanza accordata alla pubertà, i metodi di sorveglianza suggeriti ai genitori, le esortazioni, i segreti e le paure, la presenza ad un tempo valorizzata e temuta dei domestici, tutto ciò fa della famiglia, anche ridotta alle sue piú piccole dimensioni, una rete complessa, satura di sessualità multiformi, frammentarie e mobili. Ridurle alla rela-

zione coniugale, a costo di proiettarla, sotto forma di desiderio vietato, sui figli, non può render conto di questo dispositivo che è, rispetto a queste sessualità, piuttosto un meccanismo incitatore e moltiplicatore che un principio d'inibizione. Le istituzioni scolastiche o psichiatriche, con la loro numerosa popolazione, la loro gerarchia, le loro disposizioni spaziali, i loro sistemi di sorveglianza, costituiscono, accanto alla famiglia, un altro modo di distribuire il gioco dei poteri e dei piaceri; ma delimitano anch'esse ragioni di forte saturazione sessuale, con spazi o riti privilegiati come la classe, il dormitorio, la visita o la consultazione. Le forme di una sessualità non coniugale, non eterosessuale, non monogama, vi sono convocate ed installate.

La società "borghese" del XIX secolo, probabilmente ancora la nostra, è una società di perversione abbagliante e diffusa. E questo nient'affatto nella forma dell'ipocrisia, poiché nulla è stato piú manifesto e prolisso, piú apertamente assunto dai discorsi e dalle istituzioni; né perché, per aver voluto erigere contro la sessualità una barriera troppo rigorosa o troppo generale, avrebbe dato luogo suo malgrado a tutta una germinazione perversa e ad una lunga patologia dell'istinto sessuale. Si tratta piuttosto del tipo di potere ch'essa ha fatto funzionare sul corpo e sul sesso. Questo potere appunto non ha né la forma della legge né gli effetti del divieto. Esso procede al contrario attraverso la moltiplicazione di sessualità insolite. Non fissa frontiere alla sessualità; ne prolunga le forme diverse sviluppandole secondo linee di penetrazione indefinita. Non l'esclude, l'include nel corpo come modo di specificazione degli individui. Non cerca di evitarla; attira le sue varietà attraverso spirali in cui piacere e potere si rafforzano; non pone ostacoli; costruisce luoghi di massima saturazione. Produce e fissa la diversità sessuale. La società moderna è perversa, non malgrado il suo puritanesimo o come per una specie di contraccolpo della sua ipocrisia; è perversa realmente e direttamente.

Realmente. Le sessualità multiformi — quelle che appaiono con le età (sessualità del neonato o del bambino), quelle che si fissano in gusti o in pratiche (sessualità dell'invertito, del gerontofilo, del feticista...), quelle che investono delle relazioni in modo diffuso (sessualità del rapporto medico-malato, pedagogo-alunno, psichiatra-pazzo), quelle che popolano gli spazi (sessualità del focolare, della scuola, della prigione) — formano tutte il correlato di procedure precise di potere. Non dobbiamo immaginare che tutte queste cose, fino a quel momento tollerate, abbiano attirato l'attenzione e ricevuto una qualificazione peggiorativa quando si è voluto dare un ruolo regolatore al solo tipo di sessualità suscettibile di riprodurre la forza lavoro e la forma della famiglia. Questi comportamenti polimorfi sono stati realmente estratti dal corpo degli uomini e dai loro piaceri; o piuttosto sono stati solidificati in essi; con vari dispositivi di potere sono stati suscitati, portati alla luce, isolati, intensificati, incorporati. L'aumento delle perversioni non è un tema di moralizzazione che avrebbe ossessionato le menti scrupolose dei vittoriani. È il prodotto reale dell'interferenza di un tipo di potere sui corpi ed i loro piaceri. È possibile che l'Occidente non sia stato capace d'inventare piaceri nuovi, e probabilmente non ha scoperto vizi inediti. Ma ha definito nuove regole nel gioco dei poteri e dei piaceri: in esso si è profilato il volto irrigidito delle perversioni.

Direttamente. Quest'insediamento delle perversioni multiformi non è uno scherno della sessualità che si vendicherebbe di un potere che le impone una legge eccessivamente repressiva. Non si tratta nemmeno di forme paradossali di piacere che si rivolgerebbero verso il potere per investirlo sotto la forma di un "piacere da subire." L'insediamento delle perversioni è un effetto-strumento: è attraverso l'isolamento, l'intensificazione e la consolidazione delle sessualità periferiche che le relazioni del potere con il sesso e con il piacere si ramificano, si moltiplicano, misurano il corpo e penetrano i comportamenti. E su questa postazione avanzata dei poteri si cristallizzano sessualità disseminate, fissate ad un'età, ad un luogo, ad un gusto, ad un tipo di pratiche. Proliferazione delle sessualità attraverso l'estensione del potere; maggiorazione del potere al quale ciascuna di queste sessualità regionali offre una superficie d'intervento: soprattutto a partire dal XIX secolo, questa concatenazione è assicurata e sostenuta dagli innumerevoli profitti economici che per il tramite della medicina, della psichiatria, della prostituzione, della pornografia, si sono innestati ad un tempo su questa moltiplicazione analitica del piacere e su questa intensificazione del potere che lo controlla. Piacere e potere non si annullano, non si ritorcono l'uno contro l'altro; s'inseguono, si accavallano e si rilanciano. Si connettono secondo meccanismi complessi e positivi di eccitazione e d'incitazione.

Bisogna dunque probabilmente abbandonare l'ipotesi che le società industriali moderne abbiano inaugurato un'epoca di maggiore repressione della sessualità. Non solo si assiste ad un'esplosione visibile delle sessualità eretiche. Ma soprattutto — ed è questo il punto importante — un dispositivo molto diverso dalla legge, anche se poggia localmente su procedure d'interdizione, assicura, attraverso una rete di meccanismi connessi gli uni agli altri, la proliferazione di piaceri specifici e la moltiplicazione di sessualità disparate. Si dice che nessuna società sarebbe stata piú pudibonda, che mai le istanze del potere avrebbero posto maggior cura nel fingere d'ignorare quel che vietavano, come se non volessero avere con esso nessun punto in comune. In realtà, è il contrario che emerge, almeno ad un primo sguardo d'insieme: mai un numero maggiore di centri di potere; mai maggior attenzione manifesta e prolissa; mai contatti e legami circolari piú numerosi; mai piú focolai in cui si accendono, per disseminarsi piú lontano, l'intensità dei piaceri e l'ostinazione dei poteri.

III

Scientia sexualis

Suppongo che mi si accordino i primi due punti; immagino che si accetti di dire che il discorso sul sesso, ormai da tre secoli, è stato moltiplicato piuttosto che rarefatto; e che se ha portato con sé divieti e proibizioni, ha in modo piú decisivo assicurato il solidificarsi e l'impiantarsi di tutta una sessualità disparata. Resta non di meno che tutto ciò sembra aver svolto essenzialmente un ruolo di proibizione. A forza di parlarne tanto, di scoprirlo moltiplicato, rinchiuso e specificato proprio lí dove lo si è inserito, in fondo non si cercherebbe che di dissimulare il sesso: discorso che fa schermo, dispersione elusiva. Almeno fino a Freud il discorso sul sesso — il discorso dei dotti e dei teorici — non avrebbe smesso quasi mai di occultare quello di cui parlava. Si potrebbe prendere tutte queste cose dette, tutte queste precauzioni meticolose e queste analisi dettagliate come altrettante procedure destinate ad evitare l'insopportabile, la troppo pericolosa verità del sesso. Ed il solo fatto che si sia preteso di parlarne dal punto di vista epurato e neutro di una scienza è di per se stesso significativo. Era infatti una scienza fatta di elusioni, poiché nell'incapacità o nel rifiuto di parlare del sesso in quanto tale si è riferita soprattutto alle sue aberrazioni, perversioni, stranezze eccezionali, annullamenti patologici, esasperazioni morbose. Era anche una scienza subordinata per l'essenziale agl'imperativi di una morale di cui ha reiterato le distinzioni, sotto le specie della norma medica. Con il pretesto di dire la verità, dappertutto eccitava paure; prestava alle minime oscillazioni della sessualità una dinastia immaginaria di mali destinati a ripercuotersi per generazioni; ha affermato come pericolose per la società intera le abitudini furtive dei timidi e le piccole manie piú solitarie; allo sbocco dei piaceri insoliti ha posto addirittura la morte: quella degli individui, quella delle generazioni, quella della specie.

Si è legata cosí ad una pratica insistente ed indiscreta, volubile nel proclamare gli oggetti del suo disgusto, pronta a correre al soccorso della legge e dell'opinione, piú servile nei confronti delle forze d'ordine che docile verso le esigenze della verità. Involontariamente ingenua nei casi migliori, e piú spesso volontariamente menzognera, complice di ciò che denunciava, arrogante ed adescatrice, ha instaurato tutto un discorso licenzioso sulla morbosità, caratteristico della fine del XIX secolo; medici come Garnier, Pouillet, Ladoucette ne sono stati, in Francia, gli scribi senza gloria, e Rollinat il cantore. Ma al di là di questi piaceri equivoci, essa rivendicava altri poteri; si poneva come istanza sovrana degl'imperativi d'igiene, unendo le vecchie paure delle malattie veneree con i temi nuovi dell'asepsia, i grandi miti evoluzionisti con le istituzioni recenti della salute pubblica; pretendeva assicurare il vigore fisico e la pulizia morale del corpo sociale; prometteva di eliminare i titolari di tare, i degenerati e le popolazioni imbastardite. In nome di un'urgenza biologica e storica, giustificava i razzismi di stato, allora imminenti. Anzi, li fondava come "verità."

Quando si confrontano questi discorsi sulla sessualità umana a quel che era nella stessa epoca la fisiologia della riproduzione animale o vegetale, la differenza è sorprendente. Il loro debole tenore, non voglio nemmeno dire scientifico, ma di razionalità elementare, li colloca a parte nella storia delle conoscenze. Essi formano una zona stranamente confusa. Il sesso, per tutto il XIX secolo, sembra iscriversi su due registri di sapere ben distinti: una biologia della riproduzione, che si è sviluppata in modo continuo secondo una normatività scientifica generale ed una medicina del sesso che obbediva a tutt'altre regole di formazione. Fra l'una e l'altra, nessuno scambio reale, nessuna strutturazione reciproca; la prima non ha praticamente svolto, rispetto all'altra, che il ruolo di una lontana garanzia, e ben fittizia: una cauzione globale sotto la copertura della quale gli ostacoli morali, le opzioni economiche o politiche, le paure tradizionali potevano essere riscritti in un vocabolario dalla consonanza scientifica. Quasi che una resistenza fondamentale si opponesse a che sia fatto sulla sessualità umana, sulle sue correlazioni ed i suoi effetti, un discorso di forma razionale. Una tale differenza di livello sarebbe appunto il segno che in questo tipo di discorsi non si trattava di dire la verità, ma solo d'impedire che vi si produca. Nella differenza tra la fisiologia della riproduzione e la medicina della sessualità bisognerebbe vedere altro e di piú che un progresso scientifico ineguale o una differenza di livello nelle forme della razionalità; l'una parteciperebbe di quest'immensa volontà di sapere che ha sostenuto l'istituzione del discorso scientifico in Occidente, mentre l'altra avrebbe a che fare con una volontà ostinata di non sapere.

È innegabile che il discorso erudito che fu fatto sul sesso nel XIX secolo è stato attraversato da credulità senza età, ma anche da accecamenti sistematici: rifiuto di vedere e di ascoltare; ma — e questo è probabilmente il punto essenziale — rifiuto che si basava proprio su quel che si faceva emergere, o di cui si sollecitava imperiosamente la formulazione. Perché non ci può essere disconoscimento che a partire da un rapporto fondamentale con la verità. Eluderla, sbarrarle l'accesso, dissimularla: altrettante tattiche locali che, come in sovrimpressione e con un mutamento di percorso all'ultimo momento, vengono a dare una forma paradossale ad una petizione essenziale di sapere. Non voler riconoscere è ancora una peripezia della volontà di verità. Che la Salpêtrière di Charcot serva qui da esempio: essa era un immenso strumento d'osservazione, con i suoi esami, i suoi interrogatori, le sue esperienze, ma era anche una macchina d'incitazione, con le sue presentazioni pubbliche, il suo teatro di crisi rituali accuratamente preparate con l'etere o il nitrato d'amile, il suo gioco di dialoghi, di palpazioni, di imposizioni delle mani, di posture che i medici, con un gesto o una parola, suscitano o fanno scomparire, con la gerarchia del personale che spia, organizza, provoca, prende nota, riferisce, e che accumula un'immensa piramide di osservazioni e di *dossiers*. Sullo sfondo di quest'incitazione permanente al discorso ed alla verità, si inseriscono i meccanismi specifici del disconoscimento: come il gesto di Charcot che interrompe una consultazione pubblica dove si cominciava a parlare in modo troppo evidente di "questo"; come, piú di frequente, l'eliminazione progressiva, nella costituzione dei *dossiers*, di ciò che era stato detto e mostrato dai malati relativamente al sesso, ma che era stato anche visto, suscitato, sollecitato dai medici stessi e che le osservazioni pubblicate eliminano quasi completamente.[16] L'importante in questa storia non è che si siano chiusi gli occhi o le orecchie, né che ci si sia ingannati; è innanzitutto che si sia costruito intorno al sesso e a proposito di esso un immenso strumento per produrre la verità, salvo poi a dissimularla all'ultimo momento. L'importante è che il sesso non sia stato solo questione di sensazione e di piacere, di legge o di divieto, ma anche di vero e di falso; che la verità del sesso sia diventata una cosa essenziale, utile o pericolosa, preziosa o temibile, insomma che il sesso sia stato costituito come una posta in gioco di verità. Non va dunque individuata la soglia d'una razionalità nuova di cui Freud — o qualcun altro — segnerebbe la scoperta, ma la formazione progressiva (ed anche le trasformazioni) di questo "gioco della verità e del sesso" che il XIX secolo ci ha trasmesso, e di cui nulla prova, anche se l'abbiamo modificato, che ce ne siamo liberati. Disconoscimenti, scappatoie, elusioni non sono stati possibili e non hanno prodotto i loro effetti che sullo sfondo di questa strana impresa: dire la verità del sesso. Impresa che non data dal XIX secolo, anche se allora il progetto di una "scienza" le ha conferito una forma

[16] Cfr. per esempio, BOURNEVILLE, *Iconographie de la Salpêtrière*, pp. 110 sgg. I documenti inediti sulle lezioni di Charcot, che si possono ancora trovare alla Salpêtrière, sono su questo punto ancora piú espliciti dei testi pubblicati. I giochi dell'incitazione e della soppressione vi si leggono a chiare lettere. Una nota manoscritta riferisce la seduta del 25 novembre 1877. Il soggetto presenta una contrattura isterica; Charcot interrompe una crisi ponendo prima le mani, poi l'estremità del bastone sulle ovaie. Ritira il bastone, e ricomincia la crisi che egli fa accelerare con inalazioni di nitrato d'amile. La malata reclama il bastone-sesso con parole che non comportano alcuna metafora: "Si porta via G., il cui delirio continua."

particolare. Essa è la base di tutti i discorsi aberranti, ingenui ed astuti, in cui il sapere del sesso sembra essersi cosí a lungo smarrito.

Ci sono storicamente due grandi procedure per produrre la verità del sesso.

Da un lato, le società — e sono state numerose: la Cina, il Giappone, l'India, Roma, le società arabo-musulmane — che si sono date un'*ars erotica*. Nell'arte erotica la verità è estratta dal piacere stesso, considerato come pratica e raccolto come esperienza; non è in relazione ad una legge assoluta del lecito e del proibito, non è affatto facendo riferimento ad un criterio di utilità che il piacere viene preso in considerazione; ma, è innanzitutto rispetto a se stesso che deve esser conosciuto come piacere, dunque secondo la sua intensità, la sua qualità specifica, la sua durata, le sue riverberazioni nel corpo e nell'anima. Meglio ancora: questo sapere deve essere riversato successivamente nella pratica sessuale stessa, per agire su di essa come dall'interno ed amplificarne gli effetti. Cosí si costituisce un sapere che deve restare segreto, non a causa di un sospetto d'infamia che caratterizzerebbe il suo oggetto, ma per la necessità di mantenerlo nel massimo riserbo, poiché, secondo la tradizione, perderebbe la sua efficacia e la sua virtú ad essere divulgato. Il rapporto con il maestro detentore dei segreti è dunque fondamentale; solo lui può trasmetterlo in maniera esoterica e al termine di un'iniziazione nel corso della quale guida, con un sapere ed una severità infallibile, il progredire del discepolo. Gli effetti di quest'arte magistrale, ben piú generosi di quanto non lo farebbe supporre l'aridità delle sue ricette, devono trasfigurare colui sul quale fa cadere i suoi privilegi: padronanza assoluta del corpo, godimento unico, dimenticanza del tempo e dei suoi limiti, elisir di lunga vita, esilio della morte e delle sue minacce.

La nostra civiltà, almeno ad un primo approccio, non ha un'*ars erotica*; al contrario, è la sola, probabilmente, a praticare una *scientia sexualis*. O piuttosto, ad aver sviluppato, nel corso dei secoli, per dire la verità del sesso, delle procedure finalizzate nell'essenziale ad una forma di potere-sapere rigorosamente opposta all'arte delle iniziazioni ed al segreto magistrale: la confessione.

Almeno a partire dal Medio Evo, le società occidentali hanno posto la confessione fra i riti piú importanti da cui si attende la produzione della verità: regolamentazione del sacramento della penitenza da parte del Concilio Laterano, nel 1215, sviluppo conseguente delle tecniche di confessione, diminuzione dei procedimenti d'accusa nella giustizia criminale, scomparsa delle prove di colpevolezza (giuramenti, duelli, giudizi di Dio) e sviluppo dei metodi d'interrogazione e d'inchiesta, parte sempre maggiore presa dall'amministrazione reale nell'azione giudiziaria contro le infrazioni, e questo alle spese delle procedure di transazione privata, creazione dei tribunali d'Inquisizione, tutto ciò ha contribuito a dare alla confessione un ruolo centrale sul piano dei poteri civili e religiosi. L'evoluzione della parola *aveu* e della funzione giuridica che ha designato è di per se stessa caratteristica: dall'*aveu* (omaggio), garanzia di statuto, d'identità e di valore accordata a qualcuno da un altro, si è passati all'*aveu* (confessione), riconoscimento da parte di qualcuno delle proprie azioni o pensieri. L'individuo si è per molto tempo autenticato in riferimento agli altri e attraverso la manifestazione del suo legame con essi (famiglia, rapporto di vassallaggio, protezione); in seguito lo si è autenticato attraverso il discorso di verità che era capace o obbligato a fare su se stesso. La confessione della verità si è iscritta nel seno delle procedure d'individualizzazione da parte del potere.

In ogni caso, accanto ai rituali della prova, accanto alle cauzioni date dall'autorità della tradizione, accanto alle testimonianze, ma anche ai procedimenti dotti di osservazione e di dimostrazione, la confessione è diventata, in Occidente, una delle tecniche piú altamente valorizzate per produrre la verità. Siamo diventati, a partire da quel momento, una società particolarmente confessante. La confessione ha propagato lontano i suoi effetti: nella giustizia, nella medicina, nella pedagogia, nei rapporti familiari, nelle relazioni amorose, nella realtà piú quotidiana e nei riti piú solenni; si confessano i propri crimini, si confessano i peccati, si confessano i pensieri ed i desideri, si confessa il proprio passato e i propri sogni, si confessa l'infanzia; si confessano le proprie malattie e miserie; ci si sforza di dire con la massima precisione quel che è piú difficile dire; ci si confessa in pubblico ed in privato, ai genitori, agli educatori, al medico, a coloro che amiamo; facciamo a noi stessi, nel piacere e nella pena, confessioni impossibili ad ogni altro, e di cui facciamo dei libri. Si confessa — o si è obbligati a confessare. Quando non è spontanea, o imposta da qualche imperativo interno, la confessione è estorta; la si stana nell'anima e la si strappa al corpo. Dal Medio Evo la tortura l'accompagna come un'ombra e l'incoraggia quando cerca di sfuggire: tetri gemelli.[17] Come la tenerezza piú disarmata, cosí i poteri piú sanguinari ne hanno bisogno. L'uomo, in Occidente, è diventato una bestia da confessione.

Di qui probabilmente una metamorfosi nella letteratura: da un piacere di raccontare e di ascoltare, che era centrato sul racconto eroico o meraviglioso delle "prove" di bravura o di santità, si è passati ad una letteratura finalizzata al compito infinito di far sorgere dal fondo di se stessi, fra le parole, una verità che la forma stessa della confessione fa intravedere come inaccessibile. Di qui anche quest'altra maniera di filosofare: cercare il rapporto fondamentale con la verità, non semplicemente in se stessi — in qualche sapere dimenticato, o in una traccia originaria —, ma nell'esame di se stessi che consegna, attraverso tante impressioni fuggitive, le certezze fondamentali della coscienza. L'obbligo della confessione ci è ora rinviato a partire da tanti punti diversi, è ormai cosí profondamente incorporato in noi che non lo percepiamo piú come l'effetto di un potere che ci costringe; ci sembra al contrario che la verità, nel piú segreto di noi stessi, non "chieda" che di farsi luce; che se non vi accede è perché una costrizione la trattiene, perché la violenza di un potere pesa su di essa e non potrà arti-

[17] Il diritto greco aveva già accoppiato la tortura e la confessione, almeno per gli schiavi. Il diritto romano imperiale aveva esteso la pratica.

colarsi alla fine che al prezzo di qualcosa come una liberazione. La confessione rende liberi, il potere riduce al silenzio; la verità non appartiene all'ordine del potere, ma è in una parentela originaria con la libertà: altrettanti temi tradizionali della filosofia che una "storia politica della verità" dovrebbe capovolgere, mostrando che la verità non è libera per natura, né l'errore servo, ma che la sua produzione è interamente attraversata dai rapporti di potere. La confessione ne è un esempio.

Bisogna esser ben presi in trappola da quest'astuzia interna della confessione, per assegnare alla censura, al divieto di dire e di pensare, un ruolo fondamentale; bisogna farsi un'immagine capovolta del potere per credere che ci parlino di libertà tutte quelle voci che, da tanto tempo, nella nostra civiltà, ripetono senza fine la formidabile ingiunzione di dire ciò che siamo, quel che facciamo, quel che ricordiamo e quel che abbiamo dimenticato, quel che nascondiamo e quel che si nasconde, quello a cui non pensiamo e quel che pensiamo di non pensare. Lavoro immenso al quale l'Occidente ha piegato delle generazioni per produrre — mentre altre forme di lavoro assicuravano l'accumulazione del capitale — l'assoggettamento degli uomini; voglio dire la loro costituzione come "soggetti," nel duplice senso della parola (soggetti e sudditi). Si pensi a quanto dovette sembrare esorbitante, all'inizio del XIII secolo, l'ordine dato a tutti i cristiani d'inginocchiarsi almeno una volta all'anno per confessare tutte le loro colpe senza ometterne nemmeno una. E si pensi, sette secoli dopo, all'oscuro partigiano venuto a raggiungere, in fondo alle montagne, la resistenza serba; i suoi capi gli chiedono di scrivere la sua vita; e quando egli porta i pochi miseri fogli, scarabocchiati durante la notte, senza neanche guardarli, gli dicono soltanto: "Ricomincia, e di' la verità." I famosi divieti di linguaggio ai quali si dà tanta importanza dovrebbero forse far dimenticare questo giogo millenario della confessione?

Dalla penitenza cristiana fino ad oggi, il sesso fu materia privilegiata di confessione. Esso è, ci vien detto, quel che si nasconde. E se invece fosse quel che, in un modo del tutto particolare, si confessa? Se l'obbligo di nasconderlo non fosse che un altro aspetto del dovere di confessarlo (celarlo tanto meglio e con tanta maggior cura, che la confessione ne sia piú importante, esiga un rituale piú rigido e prometta effetti piú decisivi)? Se il sesso fosse, nella nostra società, ormai su una scala di parecchi secoli, ciò che è posto sotto il regime senza incrinature della confessione? La trasposizione in discorso del sesso di cui si parlava prima, la disseminazione ed il rafforzamento delle sessualità disparate sono forse due elementi di uno stesso dispositivo, che si articolano grazie all'elemento centrale di una confessione che costringe all'enunciazione veridica della singolarità sessuale — per quanto estrema essa sia.

In Grecia, la verità ed il sesso erano legati nella forma della pedagogia, attraverso la trasmissione, corpo a corpo, di un sapere prezioso; il sesso serviva da supporto per le iniziazioni alla conoscenza. Per noi, la verità ed il sesso si connettono nella confessione, attraverso l'espressione obbligatoria ed esaustiva di un segreto individuale. Ma, questa volta, è la verità che serve da supporto al sesso ed alle sue manifestazioni.

La confessione è un rituale discorsivo in cui il soggetto che parla coincide con il soggetto dell'enunciato; è anche un rituale che si dispiega in un rapporto di potere, poiché non si confessa senza la presenza almeno virtuale di un partner che non è semplicemente l'interlocutore, ma l'istanza che richiede la confessione, l'impone, l'apprezza ed interviene per giudicare, punire, perdonare, consolare, riconciliare; un rituale in cui la verità mostra la sua autenticità grazie all'ostacolo ed alle resistenze che deve eliminare per formularsi; un rituale, infine, in cui la sola enunciazione, indipendentemente dalle sue conseguenze esterne, produce in colui che l'articola delle modificazioni intrinseche: lo rende innocente, lo riscatta, lo purifica, lo sgrava dalle sue colpe, lo libera, gli promette la salvezza. Per secoli, la verità del sesso è rimasta presa, almeno per l'essenziale, in questa forma discorsiva; e non in quella dell'insegnamento (l'educazione sessuale si limiterà ai principi generali ed alle regole di prudenza); né in quella dell'iniziazione (rimasta essenzialmente una pratica muta, che l'atto di far perdere l'innocenza o di deflorare rende solo ridicola o violenta). È una forma che, lo si vede bene, è il piú lontano possibile da quella che governa "l'arte erotica." Per la struttura di potere che gli è immanente, il discorso della confessione non può venire dall'alto, come nell'*ars erotica*, e dalla volontà sovrana del maestro, ma dal basso, come una parola obbligatoria, necessaria, che fa saltare per una qualche costrizione imperiosa i sigilli del ritegno o dell'oblio. Quel che presuppone di segreto non è legato all'alto prezzo di ciò che deve dire e al piccolo numero di coloro che meritano di beneficiarne; ma alla sua familiarità oscura ed alla sua piattitudine generale. La sua verità non è garantita dall'autorità altera del magistero né dalla tradizione che trasmette, ma dal legame, dall'appartenenza essenziale nel discorso fra colui che parla e ciò di cui parla. Al contrario, l'istanza di dominazione non è dalla parte di colui che parla (poiché è obbligato) ma da quella di colui che ascolta e tace; non dalla parte di chi sa e risponde, ma da quella di chi interroga e si suppone che non sappia. E questo discorso di verità produce infine il suo effetto non in chi lo riceve, ma in colui al quale lo si strappa. Con queste verità confessate siamo il piú lontano possibile dalle dotte iniziazioni al piacere, con la loro tecnica e la loro mistica. Apparteniamo, al contrario, ad una società che ha organizzato il difficile sapere del sesso non nella trasmissione del segreto, ma intorno alla crescita lenta della confidenza.

La confessione è stata, e resta ancor oggi, la matrice generale che regola la produzione del discorso vero sul sesso. Essa tuttavia è stata considerevolmente trasformata. Era rimasta a lungo solidamente incastrata nella pratica della penitenza. Ma, a poco a poco, a partire dal protestantesimo, dalla Controriforma, dalla pedagogia del XVIII e dalla medicina del XIX secolo, ha perduto la sua localizzazione rituale ed esclusiva; si è diffusa; è stata utilizzata in tutta una serie di rapporti: figli e genitori, allievi e pedagoghi, malati e psichiatri, delinquenti ed esperti. Le motivazioni e gli effetti che se ne attendono si sono diversificati, cosí come le forme ch'essa prende: interrogatori, consultazioni, racconti autobiografici, lettere; essi sono registrati, trascritti, riuniti in *dossiers*, pubblicati e commentati. Ma soprattutto, la confessione si apre, se non ad altri campi, almeno a nuovi modi di percorrerli. Non si tratta piú soltanto di dire quel che si è fatto — l'atto sessuale — o come; ma di restituire con esso, ed intorno ad esso, i pensieri che l'hanno affiancato, le ossessioni che l'accompagnano, le immagini, i desideri, le modulazioni e la qualità del piacere che l'abitano. Per la prima volta probabilmente una società si è chinata a sollecitare ed ascoltare la confidenza dei piaceri individuali.

Disseminazione, dunque, delle procedure di confessione, localizzazione multiforme del loro obbligo, estensione del loro territorio: si è costituito a poco a poco un grande archivio dei piaceri del sesso. Quest'archivio è rimasto a lungo nell'ombra, man mano che andava costituendosi. Passava senza lasciar tracce (cosí voleva la confessione cristiana), finché la medicina, la psichiatria e la pedagogia non hanno cominciato a solidificarlo: Campe, Salzmann, poi soprattutto Kaan, Krafft-Ebing, Tardieu, Molle, Havelock-Ellis, hanno riunito con cura tutta la povera lirica della sessualità disparata. Cosí le società occidentali hanno cominciato a tenere il registro indefinito dei loro piaceri; ne hanno costituito l'erbario, stabilita la classificazione, descritte le deficienze quotidiane come le stranezze o le esasperazioni. Momento importante. È facile ridere degli psichiatri del XIX secolo, che si scusavano con enfasi degli orrori ai quali dovevano dare la parola, evocando gli "attentati contro la morale pubblica" o le "aberrazioni dei sensi genetici." Io sarei piuttosto disposto a riconoscere la loro serietà: avevano il senso dell'avvenimento. Era il momento in cui i piaceri piú insoliti erano chiamati a fare su se stessi un discorso di verità che doveva articolarsi, non piú con quello che parla del peccato e della salvezza, della morte e dell'eternità, ma con quello che parla del corpo e della vita — con il discorso della scienza. C'era di che far tremare le parole; si costituiva in quel momento questa cosa improbabile: una scienza-confessione, una scienza che si basava sui rituali della confessione e sui suoi contenuti, una scienza che presupponeva quest'estorsione multiforme ed insistente, e si dava per oggetto l'inconfessabile-confessato. Scandalo, certo, o comunque repulsione del discorso scientifico, cosí fortemente istituzionalizzato nel XIX secolo, quando dovette prendere in considerazione tutto questo discorso che veniva dal basso. Paradosso teorico, e di metodo anche: le lunghe discussioni sulla possibilità di costituire una scienza del soggetto, sulla validità dell'introspezione, l'evidenza del vissuto, o la presenza a sé della coscienza, rispondevano probabilmente ad un problema che era inerente al funzionamento dei discorsi di verità nella nostra società: si può articolare la produzione della verità secondo il vecchio modello giuridico-religioso della confessione con l'estorsione della confidenza secondo la regola del discorso scientifico? Lasciamo pure parlare quelli che credono che la verità del sesso nel XIX secolo sia stata soppressa, in un modo che non era mai stato cosí rigoroso, da un potente meccanismo di sbarramento e da un'assenza fondamentale del discorso. In realtà non si tratta di difetto, ma di eccesso, di raddoppiamento, piuttosto troppi discorsi che troppo pochi, in ogni caso interferenza fra due modalità di produzione della verità: le procedure della confessione e la discorsività scientifica.

E, invece di stare a contare gli errori, le ingenuità, moralismi che hanno popolato nel XIX secolo i discorsi di verità sul sesso, sarebbe piú importante isolare i procedimenti attraverso i quali questa volontà di sapere relativa al sesso che caratterizza l'Occidente moderno ha fatto funzionare i rituali della confessione negli schemi della regolarità scientifica: come si è giunti a costituire quest'immensa e tradizionale estorsione della confessione sessuale in forme scientifiche?

1. *Attraverso una codificazione clinica del "far parlare"*: combinare la confessione con l'esame, il racconto di se stessi con il dispiegamento di un insieme di segni e di sintomi decifrabili; l'interrogatorio, il questionario rigoroso, l'ipnosi con l'evocazione dei ricordi, le associazioni libere: altrettanti mezzi per far rientrare la procedura della confessione in un campo di osservazioni scientificamente accettabili.

2. *Attraverso il postulato di una causalità generale e diffusa*: dover dire tutto, poter interrogare su tutto, troverà la sua giustificazione nel principio che il sesso è dotato di un potere causale inesauribile e polimorfo. L'avvenimento piú discreto nella condotta sessuale — accidente o deviazione, difetto o eccesso — è immaginato capace di portare con sé le conseguenze piú varie lungo tutta l'esistenza; non c'è praticamente malattia o disturbo fisico per il quale il XIX secolo non abbia immaginato una parte almeno di eziologia sessuale. Dalle cattive abitudini dei bambini alle tisi degli adulti, alle apoplessie dei vecchi, alle malattie nervose ed alle degenerazioni della razza, la medicina dell'epoca ha tessuto tutta una trama di causalità sessuale, che può sembrarci fantastica. Il principio del sesso "causa di tutto e di qualsiasi cosa" è il rovescio teorico di un'esigenza tecnica: far funzionare in una pratica di tipo scientifico le procedure d'una confessione che doveva essere contemporaneamente totale, meticolosa e costante. I pericoli illimitati che porta con sé il sesso giustificano il carattere esaustivo dell'inquisizione a cui lo si sottomette.

3. *Attraverso il principio di una latenza intrinseca alla sessualità*: se bisogna strappare la verità del sesso attraverso la tecnica della confessione non è solo perché è difficile da dire, o perché è colpita dai divieti della decenza. Ma perché il funzionamento del sesso è oscuro; perché è nella sua natura di sfuggire e perché la sua energia come i suoi meccanismi si sottraggono; perché il suo potere causale è in parte clandestino. Integrandola ad un progetto di discorso scientifico, il XIX secolo ha spostato la confessione; essa non tende piú a riferirsi solo a ciò che il soggetto vorrebbe nascondere, ma a ciò che è nascosto a lui stesso, e che non può venire alla luce che a poco a poco ed attraverso il lavoro di una confessione alla quale partecipano, ciascuno da parte sua, colui che interroga e l'interrogato. Il principio di una latenza essenziale alla sessualità permette di articolare su una pratica scientifica l'obbligo di una confessione difficile. Bisogna strapparla, e con la forza, poiché c'è qualcosa che si nasconde.

4. *Attraverso il metodo dell'interpretazione*: se bisogna confessare, non è solo perché colui al quale si confessa avrebbe il potere di perdonare, di consolare e di dirigere. È perché il lavoro di produzione della verità, se lo si vuole convalidare scientificamente, deve passare attraverso questa relazione. La verità non risiede soltanto nel soggetto che, confessando, la porterebbe alla luce nella sua pienezza; si costituisce attraverso un doppio gioco: presente ma incompleta, cieca a se stessa in colui che parla, può completarsi solo in chi la raccoglie. Sta a lui dire la verità di questa verità oscura: bisogna accoppiare ciò che la confessione rivela con l'interpretazione di quel che vi è detto. Colui che ascolta non sarà solo il padrone del perdono, il giudice che condanna o assolve; sarà il padrone della verità. La sua funzione è ermeneutica. Rispetto alla confessione il suo potere non è solo di esigerla, prima che sia fatta, o di decidere, dopo che è stata proferita, ma di costituire, attraverso di essa e la sua decifrazione, un discorso di verità. Facendo della confessione non piú una prova, ma un segno, e della sessualità qualcosa da interpretare, il XIX secolo si è dato la possibilità di far funzionare le procedure di confessione nella formazione regolare di un discorso scientifico.

5. *Attraverso la medicalizzazione degli effetti della confessione*: l'ottenimento della confessione ed i suoi effetti sono ricodificati nella forma di operazioni terapeutiche. Questo vuol dire in primo luogo che il territorio del sesso non sarà piú posto solo sul registro della colpa e del peccato, dell'eccesso o della trasgressione, ma sotto il regime (che ne è d'altronde solo la trasposizione) del normale e del patologico; si definisce per la prima volta una morbosità propria alla realtà sessuale; il sesso appare come un campo di grande fragilità patologica: superficie di ripercussione delle altre malattie, ma anche centro di una nosografia propria, quella dell'istinto, delle tendenze, delle immagini, del piacere, del comportamento. Questo vuol dire anche che la confessione prenderà il suo senso e la sua necessità fra gl'interventi medici: richiesta dal medico, necessaria per la diagnosi ed efficace di per sé nella cura. La verità, se

è detta a tempo, a chi di competenza, e da chi ne è contemporaneamente il detentore ed il responsabile, guarisce.

Prendiamo dei punti di riferimento storici ampi: la nostra società, rompendo con le tradizioni dell'*ars erotica*, si è data una *scientia sexualis*. Per essere piú esatti, ha perseverato nel compito di produrre discorsi veri sul sesso, e questo adattando, non senza difficoltà, la vecchia procedura della confessione alle regole del discorso scientifico. La *scientia sexualis*, sviluppata a partire dal XIX secolo, conserva paradossalmente come nucleo centrale il rito singolare della confessione obbligatoria ed esaustiva, che fu nell'Occidente cristiano la prima tecnica per produrre la verità del sesso. Questo rito, a partire dal XVI secolo, si era a poco a poco staccato dal sacramento della penitenza, e per il tramite della cura d'anime e della direzione di coscienza — *ars artium* — ha emigrato verso la pedagogia, verso i rapporti fra adulti e bambini, verso le relazioni familiari, verso la medicina e la psichiatria. In ogni caso, da quasi centocinquant'anni, esiste un dispositivo complesso per produrre discorsi veri sul sesso: un dispositivo che attraversa largamente la storia, poiché innesta la vecchia ingiunzione della confessione sui metodi dell'ascolto clinico. Attraverso questo dispositivo qualcosa come la "sessualità" è potuta apparire come verità del sesso e dei suoi piaceri.

La "sessualità" è il correlativo di questa pratica discorsiva sviluppatasi lentamente che è la *scientia sexualis*. I caratteri fondamentali di questa sessualità non ce ne danno né una rappresentazione piú o meno offuscata dall'ideologia né un disconoscimento indotto dai divieti; corrispondono alle esigenze funzionali del discorso che deve produrre la sua verità. Al punto d'incrocio di una tecnica di confessione e di una discorsività scientifica, là dove è stato necessario trovare fra di loro alcuni grandi meccanismi di adattamento (tecnica d'ascolto, postulato di causalità, principio di latenza, regola dell'interpretazione, imperativo di medicalizzazione), la sessualità si è definita come qualcosa che è "per natura" un territorio aperto a processi patologici, e che invoca dunque interventi terapeutici o di normalizzazione; un campo di significati da decifrare; un luogo di processi nascosti da meccanismi specifici; un nodo di relazioni casuali indefinite, una parola oscura che bisogna contemporaneamente stanare ed ascoltare. È l'"economia" dei discorsi, voglio dire la loro tecnologia intrinseca, la necessità del loro funzionamento, le tattiche che mettono in opera, gli effetti di potere che li sottendono e che trasmettono — è questo e non un sistema di rappresentazioni che determina i caratteri fondamentali di quel che essi dicono. La storia della sessualità — cioè di ciò che ha funzionato nel XIX secolo come dominio di verità specifico — deve esser fatta innanzitutto dal punto di vista di una storia dei discorsi.

Avanziamo l'ipotesi generale del lavoro. La società che si sviluppa nel XVIII secolo — la si chiami come si vuole, borghese, capitalistica o industriale — non ha opposto al sesso un rifiuto fondamentale di riconoscerlo. Ha al contrario messo in opera tutto un apparato per produrre su di esso dei discorsi veri. Non solo ne ha parlato molto, ed obbligato ciascuno a parlarne; ma ha incominciato a formularne la verità organizzata. Come se vi sospettasse un segreto capitale. Come se avesse bisogno di questa produzione di verità. Come se fosse per lei essenziale che il sesso fosse iscritto non solo in un'economia del piacere, ma anche in un regime ordinato di sapere. Cosí esso è diventato a poco a poco materia di un grande sospetto; il senso generale ed inquietante che attraversa nostro malgrado i nostri comportamenti e le nostre esistenze; il punto di fragilità attraverso il quale ci vengono le minacce del male; il frammento di notte che ciascuno di noi porta in sé. Significato generale, segreto universale, causa onnipresente, paura che non cessa mai. Cosicché in questa "questione" del sesso (nei due sensi d'interrogatorio e di problematizzazione, di esigenza di confessione e d'integrazione ad un campo di razionalità) si sviluppano due processi che rinviano continuamente l'uno all'altro: gli chiediamo di dire la verità (ma ci riserviamo, poiché è il segreto che sfugge a se stesso, di dire noi stessi la verità infine spiegata, infine decifrata della sua verità); e gli chiediamo di dirci la nostra verità, o piuttosto gli chiediamo di dire la verità profondamente sepolta di questa verità di noi stessi che crediamo di possedere nella coscienza immediata. Gli diciamo la sua verità, interpretando quel che ce ne dice; esso ci dice la nostra portando alla luce quel che le si nasconde. È attraverso questo meccanismo che si è costituito lentamente, da parecchi secoli, un sapere del soggetto; sapere non tanto della sua forma, ma di ciò che lo divide; di ciò che lo determina forse, ma che soprattutto lo fa sfuggire a se stesso. Questo è potuto sembrare inopinato, ma non deve gran che stupire, quando si pensi alla lunga storia della confessione cristiana e giudiziaria, agli spostamenti ed alle trasformazioni di questa forma di sapere-potere, cosí capitale in Occidente, che è la confessione: seguendo cerchi sempre piú stretti, il progetto di una scienza del soggetto si è messo a gravitare intorno alla questione del sesso. La causalità nel soggetto, l'inconscio del soggetto, la verità del soggetto nell'altro che sa, il sapere in lui di quel ch'egli stesso non sa, tutto ciò ha potuto dispiegarsi nel discorso del sesso. E non in ragione di qualche proprietà naturale inerente al sesso, ma in funzione delle tattiche di potere che sono immanenti a questo discorso.

Scientia sexualis contro *ars erotica* — probabilmente. Pure va notato che l'*ars erotica* non è scomparsa dalla civiltà occidentale, né è stata sempre assente dal movimento con il quale si è tentato di produrre la scienza della sessualità. C'è stata, nella confessione cristiana, ma soprattutto nella direzione e nell'esame di coscienza, nella ricerca dell'unione spirituale e dell'amore di Dio, tutta una serie di metodi che si avvicinano ad un'arte erotica: guida da parte del maestro lungo un cammino d'iniziazione, intensificazione delle esperienze fin nelle loro componenti fisiche, maggiorazione degli effetti attraverso il discorso che le accompagna; i fenomeni di possessione e di estasi, che hanno avuto una tale frequenza nel cattolicesimo della Controriforma, sono stati probabilmente gli effetti incontrollati che sono andati al di là della tecnica erotica immanente a questa scienza sottile della carne. E, bisogna chiedersi se, a partire dal XIX secolo, la *scientia sexualis* — sotto la maschera del suo positivismo decente — non funzioni, almeno in alcune delle sue dimensioni, come un'*ars erotica*. Forse questa produzione di verità, per quanto intimidita dal modello scientifico, ha moltiplicato, intensificato ed addirittura creato anche i suoi piaceri intrinseci. Si dice spesso che non siamo stati capaci d'immaginare piaceri nuovi. Abbiamo almeno inventato un piacere diverso: piacere della verità del piacere, piacere di conoscerla, di esporla, di scoprirla, di lasciarsi prendere dal fascino a vederla, di dirla, di cattivare e catturare gli altri attraverso di essa, di confidarla nel segreto, di scovarla con l'astuzia; piacere specifico del discorso vero sul piacere. Non è nell'ideale, promesso dalla medicina, di una sessualità sana, o nella chimera umanista d'una sessualità completa e rigogliosa, soprattutto non è nel lirismo dell'orgasmo e nei buoni sentimenti della bioenergetica che bisognerebbe cercare gli elementi piú importanti di un'arte erotica legata al nostro sapere sulla sessualità (non si tratta qui che del suo uso normalizzatore); ma nella moltiplicazione ed intensificazione dei piaceri legati alla produzione della verità sul sesso. I libri eruditi, scritti e letti, le consultazioni e gli esami, l'angoscia nel rispondere alle domande e le delizie a sentirsi interpretati, tanti racconti fatti a sé ed agli altri, tanta curiosità, tante confidenze di cui il dovere di verità sostiene, non senza tremare un po', lo scandalo, la profusione di fantasie segrete che a cosí caro prezzo si acquista il diritto di sussurrare a chi sa ascoltarlo, in una parola il formidabile "piacere dell'analisi" (nel senso piú ampio di quest'ultima parola) che l'Occidente da parecchi secoli ha sapientemente fomentato, tutto questo costituisce, in un certo senso, i frammenti erranti di un'arte erotica che la confessione e la scienza del sesso trasmettono in sordina. Bisogna credere che la nostra *scientia sexualis* non sia che una forma particolarmente sottile di *ars erotica*? che sia la versione occidentale e sofisticata di questa tradizione apparentemente scomparsa? O bisogna supporre che tutti questi piaceri non siano che i sottoprodotti di una scienza sessuale, un beneficio che ne sorregge gli sforzi innumerevoli?

In ogni caso, l'ipotesi di un potere repressivo che la nostra società eserciterebbe sul sesso e per ragioni di economia sembra piuttosto esigua, se bisogna tener conto di tutta questa serie di rafforzamenti e d'intensificazioni che appaiono ad un primo sguardo: proliferazione di discorsi, e di discorsi accuratamente iscritti entro esigenze di potere; solidificazione di una sessualità disparata e costituzione di dispositivi suscettibili non solo d'isolarla, ma di evocarla, di suscitarla, di fissarla in centri d'attenzione, di discorsi e di piaceri; produzione obbligata di confessioni ed instaurazione a partire di qui di un sistema di sapere legittimo e di un'economia di piaceri multiformi. Molto piú che di un meccanismo negativo di esclusione o di rifiuto, si tratta della creazione di una rete sottile di discorsi, di saperi, di piaceri, di poteri; non di un movimento che si ostinerebbe a respingere il sesso selvaggio in qualche regione oscura ed inaccessibile, ma di processi che lo disseminano alla superficie delle cose e dei corpi, che l'eccitano, lo rivelano e lo fanno parlare, l'introducono nel reale e gl'ingiungono di dire la verità: tutto uno scintillio visibile della realtà sessuale che riflettono la molteplicità dei discorsi, l'ostinazione dei poteri ed i giochi del sapere con il piacere.

Illusione, tutto ciò? Impressione affrettata dietro la quale uno sguardo piú accurato ritroverebbe sicuramente la grande meccanica ben nota della repressione? Al di là di queste poche fosforescenze, non bisogna ritrovare la tetra legge che dice sempre di no? Risponderà — o dovrebbe rispondere — l'indagine storica. Indagine sul modo in cui si è formato, da piú di tre secoli, il sapere sul sesso; sul modo in cui si sono moltiplicati i discorsi che l'hanno preso ad oggetto, e sulle ragioni per le quali siamo giunti a dare un valore quasi favoloso alla verità ch'essi pensavano produrre. Forse queste analisi storiche finiranno per dissipare quel che sembra suggerire questo primo sguardo d'insieme. Ma il postulato di partenza che vorrei mantenere il piú a lungo possibile è che questi dispositivi di potere e di sapere, di verità e di piaceri, questi dispositivi cosí diversi dalla repressione, non sono necessariamente secondari e derivati; e che la repressione non è comunque fondamentale e vincente. Si tratta dunque di prendere sul serio questi dispositivi e d'invertire la direzione dell'analisi: piuttosto che da una repressione, che è generalmente ammessa, e da un'ignoranza, che non ha comune misura che con quel che supponiamo sapere, partire da questi meccanismi positivi, produttori di sapere, moltiplicatori di discorso, induttori di piacere e generatori di potere, seguirli nelle loro condizioni di emergenza e di funzionamento e cercare come si distribuiscono rispetto ad essi i divieti e le occultazioni che sono loro legati. Si tratta insomma di definire le strategie di potere che sono immanenti a questa volontà di sapere. A partire dal caso preciso della sessualità, costituire l'"economia politica" di una volontà di sapere.

IV

Il dispositivo di sessualità

Di che si tratta in questa serie di studi? Di trascrivere in storia la favola dei *Bijoux indiscrets*.

Fra i suoi emblemi la nostra società porta quello del sesso che parla. Del sesso che si sorprende, che s'interroga e che, costretto e volubile ad un tempo, risponde inesauribilmente. Un certo meccanismo, fiabesco al punto da rendersi invisibile, l'ha catturato un giorno. Gli fa dire, in un gioco in cui il piacere si mescola all'involontario ed il consenso all'inquisizione, la verità di sé e degli altri. Viviamo tutti, da molti anni, nel reame del principe Mangogul: in preda ad un'immensa curiosità per il sesso, ostinati ad interrogarlo, insaziabili nell'ascoltarlo e nel sentirne parlare, pronti ad inventare tutti gli anelli magici che potrebbero forzare la sua discrezione. Come se fosse essenziale poter trarre da questo piccolo frammento di noi stessi non solo piacere, ma sapere e tutto un gioco sottile che passa dall'uno all'altro: sapere del piacere, piacere a sapere il piacere, piacere-sapere; e come se questo animale capriccioso che alberghiamo in noi avesse da parte sua un orecchio abbastanza curioso, degli occhi abbastanza attenti, una lingua ed una intelligenza abbastanza ben fatti per saperla lunga, e essere ben capace di parlare, non appena lo si solleciti con un po' di accortezza. Fra ciascuno di noi ed il nostro sesso l'Occidente ha teso un'incessante richiesta di verità: a noi strappargli la sua, poiché gli sfugge; a lui dire la nostra, poiché la detiene nell'ombra. Il sesso sarebbe dunque nascosto? Sottratto da nuovi pudori, tenuto sotto il moggio delle tristi esigenze della società borghese? Al contrario, è incandescente. È stato posto, parecchie centinaia d'anni fa, al centro di una formidabile *petizione di sapere*. Petizione duplice, poiché siamo costretti a sapere quel che ne è di lui, mentre si ritiene che esso sappia quel che ne è di noi.

Una certa china ci ha condotti, in qualche secolo, a porre al sesso la domanda: chi siamo? E, non tanto al sesso-natura (elemento del sistema vivente, oggetto di una biologia), ma al sesso-storia, al sesso-significato, al sesso-discorso. Ci siamo posti noi stessi sotto il segno del sesso, ma di una *Logica del sesso*, piuttosto che di una *Fisica*. Non bisogna ingannarsi: sotto la grande serie di opposizioni binarie (corpo-anima, carne-spirito, istinto-ragione, pulsioni-coscienza) che sembrano ridurre il sesso ad una pura meccanica senza ragione, l'Occidente è riuscito non solo e non tanto ad annettere il sesso ad un campo di razionalità, il che non avrebbe probabilmente niente di particolarmente notevole tanto siamo abituati, dal tempo dei Greci, a tali "conquiste"; ma a farci passare quasi completamente — noi, il nostro corpo, la nostra anima, la nostra individualità, la nostra storia — sotto il segno di una logica della concupiscenza e del desiderio. Non appena si tratta di sapere chi siamo, essa ci serve ormai da chiave universale. Da molti decenni, i genetisti non concepiscono piú la vita come un'organizzazione dotata in piú della strana capacità di riprodursi, ma vedono proprio nel meccanismo della riproduzione quel che introduce alla dimensione biologica: matrice non solo dei viventi, ma della vita. Qualche secolo fa, in modo probabilmente molto poco "scientifico", gli innumerevoli teorici ed esperti della carne avevano già fatto dell'uomo il figlio di un sesso imperioso ed intelligibile. Il sesso, ragione di tutto.

La domanda da porre non è dunque: perché mai il sesso è cosí segreto? Qual è la forza che cosí a lungo l'ha ridotto al silenzio e solo da poco si è allentata, permettendoci forse di interrogarlo, ma sempre a partire dalla sua repressione ed attraverso di essa? In realtà, questa domanda, cosí spesso ripetuta nella nostra epoca, non è che la forma recente di una affermazione considerevole e di una prescrizione secolare: la verità è laggiú; andate a sorprendervela. *Acheronta movebo*: vecchia decisione.

Voi che siete saggi e pieni di un'alta e profonda scienza
Voi che concepite e sapete
Come, dove e quando tutto s'unisce
... Voi, grandi saggi, ditemi che cosa succede
Mostratemi che è accaduto di me
Mostratemi dove, come e quando
Perché simile cosa mi è toccata?[18]

Conviene dunque chiedere prima di tutto: qual è quest'ingiunzione? Perché questa grande caccia alla verità del sesso, alla verità nel sesso?

Nel racconto di Diderot, il buon genio Cucufa scopre in fondo alla sua tasca fra qualche misero oggetto — grani benedetti, piccole pagode di piombo e confetti ammuffiti — il minuscolo anello d'argento che, se se ne gira la pietra, fa parlare gli organi genitali che incontra. Egli lo regala al sultano curioso. Sta a noi sapere quale anello meraviglioso ci conferisce un simile potere, al dito di quale padrone è stato messo; quale gioco di potere permette o presuppone, e come ciascuno di noi è potuto diventare rispetto al proprio sesso ed a quello degli altri una specie di sultano attento ed imprudente. Questo anello magico, questo gioiello cosí indiscreto quando si tratta di far parlare gli altri, ma cosí poco eloquente sul proprio meccanismo, è questo che conviene rendere a sua volta loquace, è di esso che bisogna parlare. Bisogna fare la storia di questa volontà di verità, di questa petizione di sapere che da ormai tanti secoli lascia intravedere il sesso: la storia di un'ostinazione e di un accanimento. Cosa chiediamo al sesso, al di là dei suoi piaceri possibili, per ostinarci a tal punto? Perché questa pazienza o quest'avidità di costituirlo come il segreto, la causa onnipotente, il senso nascosto, la paura che non lascia tregua? E perché il compito di scoprire questa difficile verità si è alla fine capovolto in un invito ad eliminare i divieti ed a rimuovere gli ostacoli? Il lavoro era dunque

[18] G.-A. Bürger, citato da Schopenhauer, *Metafisica dell'amore*.

cosí arduo che bisognava allettarlo con questa promessa? o questo sapere era diventato di un tale prezzo — politico, economico, etico — che è stato necessario, per piegarvi tutti, assicurarli non senza un paradosso che vi troveranno la loro liberazione?

Per situare le ricerche future, è bene avanzare qui alcune proposizioni generali che si riferiscono alla posta in gioco, al metodo, al campo da percorrere ed alle periodizzazioni che si possono provvisoriamente accettare.

1.
Posta in gioco

Perché queste ricerche? Mi rendo conto che un'incertezza ha attraversato le idee tracciate fin qui; essa rischia facilmente di condannare le indagini piú dettagliate che ho progettato. Ho ripetuto cento volte che la storia degli ultimi secoli nelle società occidentali non metterebbe quasi per niente in evidenza il funzionamento di un potere essenzialmente repressivo. Ho finalizzato il mio discorso all'eliminazione di questa nozione fingendo d'ignorare che una critica era condotta altrove ed in modo probabilmente piú radicale: critica che si è sviluppata a livello della teoria del desiderio. Che il sesso non sia "represso," non è infatti un'asserzione molto nuova. È un bel po' di tempo che alcuni psicanalisti l'hanno detto. Hanno rifiutato lo schemino semplice che s'immagina volentieri quando si parla di repressione; l'idea di un'energia ribelle che bisognerebbe soffocare è parsa loro inadeguata per decifrare il modo in cui potere e desiderio si articolano; li hanno immaginati legati in modo piú complesso e piú originario di questo gioco fra un'energia selvaggia, naturale e vivente, che sale incessantemente dal basso, ed un ordine proveniente dall'alto che cercherebbe di ostacolarla; non si dovrebbe immaginare che il desiderio sia represso, per la buona ragione che è la legge che è costitutiva del desiderio e della mancanza che lo instaura. Il rapporto di potere sarebbe presente già là dov'è il desiderio: è illusorio dunque denunciarlo in una repressione che si eserciterebbe a posteriori, come è vano partire alla ricerca di un desiderio esterno al potere.

Ho parlato in modo ostinatamente confuso, come se si trattasse di nozioni equivalenti, ora della *repressione*, ora della *legge*, del divieto o della censura. Ho trascurato — per testardaggine o per negligenza — tutto ciò che può distinguere le loro implicazioni teoriche o pratiche. E capisco bene che si abbia il diritto di dirmi: facendo continuamente riferimento a delle tecnologie positive di potere, lei cerca di vincere a buon mercato sui due fronti; confonde i suoi avversari nella figura del piú debole, e, discutendo solo della repressione, vuole far credere abusivamente che si è sbarazzato del problema della legge; eppure, conserva la conseguenza pratica essenziale del principio del potere-legge, cioè che non si sfugge al potere, ch'esso è sempre già presente e che costituisce proprio quello che si tenta di opporgli. Dell'idea di un potere-repressione lei ha conservato l'elemento teorico piú fragile, per criticarlo; dell'idea del potere-legge, la conseguenza politica piú sterilizzante, ma per farne l'uso a lei piú comodo.

L'intento delle indagini che seguiranno è di avanzare piuttosto verso una "analitica" che verso una "teoria" del potere: voglio dire verso la definizione del campo specifico che formano le relazioni di potere e la determinazione degli strumenti che permettono di analizzarlo. In realtà mi sembra che questa analitica non possa costituirsi che a condizione di far piazza pulita e di liberarsi di una certa rappresentazione del potere, quella che chiamerei — vedremo in seguito perché — "giuridico-discorsiva." È questa concezione che domina sia la tematica della repressione che la teoria della legge costitutiva del desiderio. In altre parole, quel che distingue l'una dall'altra l'analisi in termini di repressione degli istinti da quella in termini di legge del desiderio è certamente il modo di concepire la natura e la dinamica delle pulsioni; non è il modo di concepire il potere. L'una e l'altra fanno ricorso ad una rappresentazione comune del potere che, secondo l'uso che se ne fa e la posizione che gli si riconosce nei confronti del desiderio, conduce a due conseguenze opposte: o alla promessa di una "liberazione," se il potere ha sul desiderio solo una presa esterna, o se è direttamente costitutivo del desiderio, all'affermazione: siete tutti già presi in trappola. Non bisogna immaginare, del resto, che questa rappresentazione sia propria a quelli che pongono il problema dei rapporti fra il potere ed il sesso. Essa è infatti molto piú generale; la si ritrova frequentemente nelle analisi politiche del potere, ed ha le sue radici probabilmente lontano nella storia dell'Occidente.

Ecco alcuni dei suoi caratteri principali:

— *La relazione negativa.* Fra potere e sesso non stabilisce mai un rapporto, se non in forma negativa: rigetto, esclusione, rifiuto, ostruzione o ancora occultazione o travestimento. Il potere non "può" nulla sul sesso ed i piaceri, se non dir loro di no; se produce, si tratta di assenza o di lacune; elimina elementi, introduce discontinuità, separa quel che è unito, segna frontiere. I suoi effetti assumono la forma generale del limite o della mancanza.

— *L'istanza della regola.* Il potere sarebbe essenzialmente quel che detta la sua legge al sesso. Questo vuol dire innanzitutto che il sesso viene a trovarsi sottoposto ad un regime binario: lecito ed illecito, permesso e vietato. Vuol dire inoltre che il potere prescrive al sesso un "ordine" che funziona contemporaneamente come forma d'intelligibilità: il sesso s'interpreta a partire dal suo rapporto con la legge. Ciò vuol dire infatti che il potere agisce enunciando la regola: la presa del potere sul sesso si farebbe attraverso il linguaggio o piuttosto attraverso un atto discorsivo che crea, per il fatto stesso di articolarsi, uno stato di diritto. Parla, ed è la regola. La forma pura del potere si troverebbe nella funzione del legislatore; e la sua azione sarebbe rispetto al sesso di tipo giuridico-discorsivo.

— *Il ciclo del divieto*: non ti avvicinerai, non toccherai, non consumerai, non proverai piacere, non parlerai, non apparirai; al limite non esisterai, se non nell'ombra e nel segreto. Il potere non farebbe funzionare sul sesso che una legge di proibizione. Il suo obiettivo è che il sesso rinunci a se stesso. Il suo strumento è la minaccia di un castigo che non è altro che la sua soppressione. Rinuncia da solo, se no sarai soppresso; non apparire, se non vuoi scomparire. La tua esistenza non sarà conservata che a prezzo del tuo annullamento. Il potere costringe il sesso solo grazie ad un divieto che si serve dell'alternativa fra due inesistenze.

— *La logica della censura.* Questa proibizione è supposta assumere tre forme; affermare che non è permesso, impedire che sia detto, negare che esista. Forme in apparenza difficilmente conciliabili. Ma a questo punto s'immagina una specie di logica a catena che sarebbe caratteristica dei meccanismi di censura: essa connette l'inesistente, l'illecito e l'indicibile in modo tale che ciascuno sia contemporaneamente principio ed effetto dell'altro: di quel che è proibito non si deve parlare finché non sia annullato nel reale; quel che è inesistente non ha diritto a nessuna manifestazione, nemmeno nell'ordine del discorso che ne enuncia l'inesistenza; e quel che va taciuto viene bandito dalla realtà come ciò che è vietato per eccellenza. La logica del potere relativamente al sesso sarebbe la logica paradossale di una legge che potrebbe enunciarsi come ingiunzione d'inesistenza, di non-manifestazione e di mutismo.

— *L'unità del dispositivo.* Il potere sul sesso si eserciterebbe nello stesso modo a tutti i livelli. Dall'alto in basso, nelle decisioni globali come negli interventi capillari, su qualsiasi apparato o istituzione faccia perno, agirebbe in modo uniforme e massiccio; funzionerebbe secondo gli ingranaggi semplici e riprodotti all'infinito della legge, del divieto e della censura: dallo Stato alla famiglia, dal principe al padre, dal tribunale alla moneta spicciola delle punizioni quotidiane, dalle istanze di dominio sociale alle strutture costitutive del soggetto troveremmo un'unica forma di potere, soltanto su scale diverse. Questa forma è il diritto, con il gioco del lecito e dell'illecito, della trasgressione e della punizione. Che gli si dia la forma del principe che formula il diritto, del padre che proibisce, del censore che fa tacere, o del padrone che detta la legge, in ogni caso si schematizza il potere in una forma giuridica; e se ne definiscono gli effetti come obbedienza. Di fronte ad un potere che è legge, il soggetto che è costituito come suddito — che è "assoggettato" — è colui che obbedisce. All'omogeneità formale del potere in tutte queste istanze, corrisponderebbe in colui che è costretto — che si tratti del suddito di fronte al monarca, del cittadino di fronte allo Stato, del figlio di fronte ai genitori, del discepolo di fronte al maestro — la forma generale della sottomissione. Potere legislatore da una parte e soggetto obbediente dall'altra.

Sotto il tema generale che il potere reprime il sesso, come sotto l'idea della legge costitutiva del desiderio, si ritrova l'immagine della stessa meccanica del potere. Essa è definita in modo stranamente limitativo. Innanzitutto perché sarebbe un potere povero nelle sue risorse, economo nei suoi procedimenti, monotono nelle tattiche che usa, incapace d'invenzione ed in un certo senso condannato a ripetersi sempre. In secondo luogo perché è un potere che non avrebbe praticamente altro che la potenza del "no"; incapace di produrre alcunché, atto solo a porre limiti, sarebbe essenzialmente anti-energia; il paradosso della sua efficacia sarebbe di non potere nulla, se non far sí che ciò che sottomette non possa a sua volta fare niente, se non quel che gli si permette di fare. E infine perché è un potere il cui modello sarebbe essenzialmente giuridico, centrato sul solo enunciato della legge e sul solo funzionamento del divieto. Tutti i modi di dominio, di sottomissione, di assoggettamento si ridurrebbero in fin dei conti all'effetto di obbedienza.

Perché accettiamo cosí facilmente questa concezione giuridica del potere? e per questa via l'elisione di tutto ciò che potrebbe costituirne l'efficacia produttiva, la ricchezza strategica, la positività, in una società come la nostra in cui gli apparati del potere sono cosí numerosi, i suoi rituali cosí visibili ed i suoi strumenti in fondo cosí sicuri, in questa società che fu probabilmente piú inventiva di ogni altra quanto a meccanismi di potere sottili e mobili, perché questa tendenza a non riconoscerlo che nella forma negativa e disincarnata del divieto? Perché ridurre i dispositivi della dominazione alla sola procedura della legge di proibizione?

C'è una ragione generale e tattica che sembra autoevidente: il potere è tollerabile a condizione di dissimulare una parte importante di sé. La sua riuscita è proporzionale alla quantità di meccanismi che riesce a nascondere. Il potere sarebbe accettato se fosse interamente cinico? Il segreto non è per lui un abuso; è indispensabile al suo funzionamento. E non solo perché l'impone a quelli che sottomette, ma forse perché è altrettanto indispensabile a questi ultimi: l'accetterebbero se non vi vedessero altro che un limite posto al loro desiderio, che permette di ottenere una parte intatta — anche se ridotta — di libertà? Il potere come puro limite tracciato alla libertà è, almeno nella nostra società, la forma generale della sua accettabilità.

C'è forse a tutto questo una ragione storica. Le grandi istituzioni di potere che si sono sviluppate nel Medio Evo — la monarchia, lo Stato con i suoi apparati — sono sorte sullo sfondo di una molteplicità di poteri preesistenti, e in un certo senso contro di essi: poteri densi, disordinati, conflittuali, poteri legati al dominio diretto o indiretto sulla terra, al possesso delle armi, al servaggio, ai legami di sovranità feudale e di vassallaggio. Se hanno potuto stabilirsi in modo durevole, se hanno saputo, beneficiando di tutta una serie di alleanze tattiche, farsi accettare, è perché si sono presentate come istanze di regolazione, di arbitraggio, di delimitazione, come un modo d'introdurre un ordine tra questi poteri, di fissare un principio per unificarli e distribuirli secondo delle frontiere ed una gerarchia stabilita. Queste grandi forme di potere hanno funzionato, di fronte a potenze multiformi ed in urto fra di loro, al di sopra di tutti questi diritti eterogenei, come principio del diritto, con il triplice carattere di costituirsi come insieme unitario, d'identificare la propria volontà alla legge e di esercitarsi attraverso meccanismi di divieto e di sanzione. La formula *pax et justitia* mostra, in questa funzione alla quale pretendeva, la pace come proibizione delle guerre feudali o private e la giustizia come maniera di sospendere il regolamento privato delle controversie. Probabilmente nello sviluppo delle grandi istituzioni monarchiche era in gioco ben altro che un puro e semplice edificio giuridico. Ma questo fu il linguaggio del potere, questa la rappresentazione che ha dato di sé e di cui tutta la teoria del diritto pubblico costruita nel Medio Evo o ricostruita a partire dal diritto romano ha portato testimonianza. Il diritto non è stato semplicemente un'arma abilmente maneggiata dai monarchi; è stato, per il sistema monarchico, il modo di manifestazione e la forma della sua accettabilità. A partire dal Medio Evo, nelle società occidentali, l'esercizio del potere si è formulato sempre nei termini del diritto.

Una tradizione che risale al XVIII o al XIX secolo ci ha abituati a porre il potere monarchico assoluto dalla parte del non-diritto: l'arbitrario, gli abusi, il capriccio, il benvolere, i privilegi e le eccezioni, la continuazione tradizionale degli stati di fatto. Ma significa dimenticare un elemento storico fondamentale, che cioè le monarchie occidentali si sono edificate come sistemi di diritto, si sono pensate attraverso teorie del diritto ed hanno fatto funzionare i loro meccanismi di potere nella forma del diritto. Il vecchio rimprovero che Boulainvilliers faceva alla monarchia francese — di essersi servita del diritto e dei giuristi per abolire i diritti ed assoggettare l'aristocrazia — è probabilmente fondato, almeno nelle grandi linee. Attraverso lo sviluppo della monarchia e delle sue istituzioni si è instaurata questa dimensione giuridico-politica, che non è certamente adeguata al modo in cui il potere si è esercitato e si esercita, ma è il codice con cui si presenta e con cui ordina che lo si pensi. La storia della monarchia e la codificazione dei fatti e delle procedure del potere nei termini del discorso giuridico-politico sono andate di pari passo.

Malgrado gli sforzi che sono stati fatti per isolare il discorso giuridico dall'istituzione monarchica e per liberare l'elemento politico da quello giuridico, la rappresentazione del potere è rimasta impigliata in questo sistema. Prendiamo due esempi. La critica dell'istituzione monarchica in Francia nel XVIII secolo non si è fatta contro il sistema giuridico-monarchico, ma in nome di un sistema giuridico puro, rigoroso, nel quale potrebbero introdursi senza eccessi né irregolarità tutti i meccanismi di potere, contro una monarchia che, malgrado le sue affermazioni, oltrepassava continuamente il diritto e si poneva al di sopra delle leggi. La critica politica si è allora servita di tutta la riflessione giuridica che aveva accompagnato lo sviluppo della monarchia per condannarla; ma non ha messo in dubbio il principio che il diritto debba essere la forma stessa del potere e che il potere debba sempre esercitarsi nella forma del diritto. Un altro tipo di critica delle istituzioni politiche è apparso nel XIX secolo; critica molto piú radicale poiché si trattava di mostrare non solo che il potere reale sfuggiva alle regole del diritto, ma che lo stesso sistema del diritto non era che un modo di esercitare la violenza, di annetterla a profitto di alcuni, e di far funzionare, sotto l'apparenza della legge generale, le dissimmetrie e le ingiustizie di una dominazione. Ma questa critica del diritto si fa ancora sulla base del postulato che il potere, per sua assenza e idealmente, debba esercitarsi secondo un diritto fondamentale.

In fondo, malgrado le differenze di epoche e di obiettivi, la rappresentazione del potere è sempre stata ossessionata dalla monarchia. Nel pensiero e nell'analisi politica non si è ancora tagliata la testa al re. Di qui l'importanza che viene ancora data nella teoria del potere al problema del diritto e della violenza, della legge e dell'illegalità, della volontà e della libertà, e soprattutto dello Stato e della sovranità (anche se non è piú interrogata nella persona del sovrano ma in quella di un essere collettivo). Pensare il potere a partire da questi problemi significa pensarlo a partire da una forma storica particolare alle nostre società: la monarchia giuridica. Particolare e nonostante tutto transitoria. Poiché se molte delle sue forme hanno perdurato e perdurano ancora, meccanismi di potere completamente nuovi — probabilmente irriducibili alla rappresentazione del diritto — l'hanno penetrato a poco a poco. Questi meccanismi di potere, come vedremo in seguito, sono almeno in parte quelli che si sono occupati, a partire dal XVIII secolo, della vita degli uomini, degli uomini come corpi viventi. E se è vero che il discorso giuridico ha potuto servire a rappresentare, seppure in modo probabilmente non esaustivo, un potere essenzialmente centrato sul prelevamento e sulla morte, esso è assolutamente eterogeneo ai nuovi procedimenti di potere che funzionano sulla base della tecnica e non del diritto, della normalizzazione e non della legge, del controllo e non della punizione e che si esercitano a livelli ed in forme che vanno al di là dello Stato e dei suoi apparati. Siamo entrati, ormai da alcuni secoli, in un tipo di società in cui il discorso giuridico può sempre meno codificare il potere o servirgli da sistema di rappresentazione. La nostra linea di tendenza ci allontana sempre di piú da un regno del diritto che già cominciava a ridursi nel passato, all'epoca in cui la Rivoluzione francese, e con essa l'era delle costituzioni e dei codici, sembrava prometterlo per un prossimo avvenire.

E questa rappresentazione giuridica è ancora all'opera nelle analisi contemporanee sui rapporti fra il potere ed il sesso. Il problema non è di sapere se il desiderio è estraneo al potere, se è anteriore alla legge come s'immagina spesso, o se invece non è affatto la legge che lo costituisce. L'essenziale non è qui. Quale che sia la natura del desiderio, si continua in ogni caso a concepirlo in rapporto ad un potere che è sempre giuridico e discorsivo — un potere che trova il suo elemento centrale nell'enunciazione della legge. Si resta legati ad una certa immagine del potere-legge, del potere-sovranità, che i teorici del diritto e dell'istituzione monarchica hanno definito. È di quest'immagine che bisogna liberarsi, cioè del privilegio teorico della legge e della sovranità, se si vuol fare un'analisi del potere nel gioco concreto e storico dei suoi modi di funzionamento. Bisogna costruire un'analitica del potere che non prenda piú per modello e per codice il diritto.

Riconosco volentieri che il progetto di questa storia della sessualità, o piuttosto di questa serie di studi che si riferiscono ai rapporti storici fra il potere ed il discorso sul sesso, è circolare, nel senso che si tratta di due tentativi che rinviano l'uno all'altro. Cerchiamo di liberarci da una rappresentazione giuridica e negativa del potere, rinunciamo a pensarlo in termini di legge, di divieto, di libertà e di sovranità: come analizzare allora quel che è successo nella storia recente a proposito di questa cosa, apparentemente una delle piú vietate della nostra vita e del nostro corpo, il sesso? Come vi accede il potere, se non nella forma della proibizione e dello sbarramento? Attraverso quali meccanismi, quali tattiche, quali dispositivi? Ammettiamo invece che un esame un po' accurato mostri che nelle società moderne il potere non ha, in realtà, governato la sessualità nella forma della legge e della sovranità; supponiamo che l'analisi storica riveli la presenza di una vera e propria "tecnologia" del sesso, molto piú complessa e soprattutto molto piú positiva del semplice effetto di un "divieto"; allora, quest'esempio — che non si può far a meno di considerare particolarmente privilegiato, poiché proprio a proposito del sesso piú che in ogni altro caso, il potere sembrava funzionare come divieto — non obbliga a darsi, per quanto riguarda il potere, principi d'analisi che non si rifanno al sistema del diritto ed alla forma della legge? Dandosi, dunque, un'altra teoria del potere, si tratta di formare contemporaneamente una altra griglia d'interpretazione storica; e, guardando da vicino un insieme di materiali storici, di avanzare a poco a poco verso un'altra concezione del potere. Pensare ad un tempo il sesso senza la legge ed il potere senza il re.

2.
Metodo

Analizzare dunque, la formazione di un certo tipo di sapere sul sesso non in termini di repressione o di legge, ma di potere. Questa parola "potere" rischia, però, di dar luogo ad un certo numero di malintesi. Malintesi relativi alla sua identità, alla sua forma, alla sua unità. Con potere non voglio dire "il Potere," come insieme d'istituzioni e di apparati che garantiscono la sottomissione dei cittadini in uno Stato determinato. Con potere, non intendo nemmeno un tipo di assoggettamento, che in opposizione alla violenza avrebbe la forma della regola. Né intendo, infine, un sistema generale di dominio esercitato da un elemento o da un gruppo su un altro, ed i cui effetti, con derivazioni successive, percorrerebbero l'intero corpo sociale. L'analisi in termini di potere non deve postulare, come dati iniziali, la sovranità dello Stato, la forma della legge o l'unità globale di una dominazione, che ne sono solo le forme ultime. Con il termine potere mi sembra che si debba intendere innanzitutto la molteplicità dei rapporti di forza immanenti al campo in cui si esercitano e costitutivi della loro organizzazione; il gioco che attraverso lotte e scontri incessanti li trasforma, li rafforza, li inverte; gli appoggi che questi rapporti di forza trovano gli uni negli altri, in modo da formare una catena o un sistema, o, al contrario, le differenze, le contraddizioni che li isolano gli uni dagli altri; le strategie infine in cui realizzano i loro effetti, ed il cui disegno generale o la cui cristallizzazione istituzionale prendono corpo negli apparati statali, nella formulazione della legge, nelle egemonie sociali. La condizione di possibilità del potere, o comunque il punto di vista che permette di rendere intelligibile il suo esercizio, fin nei suoi effetti piú "periferici," e che permette anche di utilizzare i suoi meccanismi come griglia d'intelligibilità del campo sociale, non bisogna cercarla nell'esistenza originaria di un punto centrale, in un centro unico di sovranità dal quale si irradierebbero delle forme derivate e discendenti; è la base mobile dei rapporti di forza che inducono senza posa, per la loro disparità, situazioni di potere, ma sempre locali ed instabili. Onnipresenza del potere: non perché avrebbe il privilegio di raggruppare tutto sotto la sua invincibile unità, ma perché si produce in ogni istante, in ogni punto, o piuttosto in ogni relazione fra un punto ed un altro. Il potere è dappertutto; non perché inglobi tutto, ma perché viene da ogni dove. E "il" potere, in quel che ha di permanente, di ripetitivo, d'inerte, di autoriproduttore, non è che l'effetto d'insieme che si delinea a partire da tutte queste mobilità, la concatenazione che si appoggia su ciascuna di esse e cerca a sua volta di fissarle. Bisogna probabilmente essere nominalisti: il potere non è un'istituzione, e non è una struttura, non è una certa potenza di cui alcuni sarebbero dotati: è il nome che si dà ad una situazione strategica complessa in una società data.

Bisogna allora capovolgere la formula e dire che la politica è la guerra continuata con altri mezzi? Forse, se si vuole conservare ancora una differenza fra guerra e politica, si dovrebbe avanzare piuttosto l'ipotesi che questa molteplicità di rapporti di forza può essere codificata — in parte e mai completamente — o nella forma della "guerra" o nella forma della "politica": sarebbero, queste, due strategie diverse (ma pronte a rovesciarsi l'una nell'altra) per integrare questi rapporti di forza squilibrati, eterogenei, instabili, tesi.

In questa linea, si potrebbero avanzare un certo numero di proposizioni:

— che il potere non è qualcosa che si acquista, si strappa o si condivide, qualcosa che si conserva o che si lascia sfuggire; il potere si esercita a partire da innumerevoli punti, e nel gioco di relazioni disuguali e mobili;
— che le relazioni di potere non sono in posizione di esteriorità nei confronti di altri tipi di rapporti (processi economici, rapporti di conoscenza, relazioni sessuali), ma che sono loro immanenti; sono gli effetti immediati delle divisioni, delle ineguaglianze e dei disequilibri che vi si producono, e sono reciprocamente le condizioni interne di queste differenziazioni; le relazioni di potere non sono in posizione di sovrastruttura, con un semplice ruolo di proibizione o di riproduzione; hanno, là dove sono presenti, un ruolo direttamente produttivo;
— che il potere viene dal basso; cioè che non c'è, all'origine delle relazioni di potere, e come matrice generale, un'opposizione binaria e globale fra i dominanti ed i dominati, dualità che si ripercuoterebbe dall'alto in basso, e su gruppi sempre piú ristretti fin nelle profondità del corpo sociale. Bisogna immaginare piuttosto che i rapporti di forza mol-

teplici che si formano ed operano negli apparati di produzione, nelle famiglie, nei gruppi ristretti, nelle istituzioni, servono da supporto ad ampi effetti di divisione che percorrono l'insieme del corpo sociale. Questi effetti costituiscono una linea di forza generale che attraversa gli scontri locali e li collega; certo, a loro volta, questi procedono su quelli a delle ridistribuzioni, a degli allineamenti, a delle omogeneizzazioni, a delle disposizioni in serie e a delle convergenze. Le grandi dominazioni sono gli effetti egemonici sostenuti continuamente dall'intensità di tutti questi scontri;

— che le relazioni di potere sono contemporaneamente intenzionali e non soggettive. Se, infatti, sono intelligibili, non è perché sarebbero l'effetto, in termini di causalità, di un'altra istanza che le "spiegherebbe," ma è perché sono attraversate, da parte a parte, da un calcolo: non c'è potere che si eserciti senza una serie di intenti e di obiettivi. Ma questo non vuol dire ch'esso risulti dalla scelta o dalla decisione di un soggetto individuale; non mettiamoci a cercare lo stato maggiore che presiede alla sua razionalità; né la casta che governa, né i gruppi che controllano gli apparati dello Stato, né quelli che prendono le decisioni economiche piú importanti gestiscono l'insieme della trama di potere che funziona in una società (e la fa funzionare); la razionalità del potere è quella di tattiche, spesso molto esplicite al livello limitato in cui s'iscrivono — cinismo locale del potere —, che, connettendosi le une alle altre, implicandosi e propagandosi, trovano altrove la loro base e la loro condizione, delineano alla fine dei dispositivi d'insieme: qui la logica è ancora perfettamente chiara, gli intenti decifrabili, eppure può darsi che non ci sia nessuno che li abbia concepiti e ben pochi che li abbiano formulati: carattere implicito delle grandi strategie anonime, quasi mute, che coordinano tattiche loquaci, i cui "inventori" o responsabili sono spesso senza ipocrisia;

— che là dove c'è potere c'è resistenza e che tuttavia, o piuttosto proprio per questo, essa non è mai in posizione di esteriorità rispetto al potere. Bisogna dire che si è necessariamente "dentro" il potere, che non gli si "sfugge," che non c'è, rispetto ad esso, un'esteriorità assoluta, perché si sarebbe immancabilmente soggetti alla legge? O che, se la storia è l'astuzia della ragione, il potere sarebbe a sua volta l'astuzia della storia — ciò che vince sempre? Vorrebbe dire misconoscere il carattere strettamente relazionale dei rapporti di potere. Essi non possono esistere che in funzione di una molteplicità di punti di resistenza, i quali svolgono, nelle relazioni di potere, il ruolo di avversario, di bersaglio, d'appoggio, di sporgenza per una presa. Questi punti di resistenza sono presenti dappertutto nella trama del potere. Non c'è dunque rispetto al potere *un* luogo del grande Rifiuto — anima della rivolta, focolaio di tutte le ribellioni, legge pura del rivoluzionario. Ma *delle* resistenze che sono degli esempi di specie: possibili, necessarie, improbabili, spontanee, selvagge, solitarie, concertate, striscianti, violente, irriducibili, pronte al compromesso, interessate o sacrificali; per definizione, non possono esistere che nel campo strategico delle relazioni di potere. Ma questo non vuol dire che ne siano solo la conseguenza, il segno in negativo, che costituisce, rispetto alla dominazione essenziale, un rovescio in fin dei conti sempre passivo, destinato indefinitamente alla sconfitta. Le resistenze non dipendono da un qualche principio eterogeneo; ma non sono nemmeno illusione o promessa necessariamente delusa. Sono l'altro termine nelle relazioni di potere, vi s'iscrivono come ciò che sta irriducibilmente di fronte a loro. Sono dunque, anch'esse, distribuite in modo irregolare; i punti, i nodi, i focolai di resistenza sono disseminati con maggiore o minore densità nel tempo e nello spazio, facendo insorgere talvolta gruppi o individui in modo definitivo, accendendo improvvisamente certi punti del corpo, certi momenti della vita, certi tipi di comportamento. Grandi rotture radicali, divisioni binarie e massicce? Talvolta. Ma molto piú spesso si ha a che fare con punti di resistenza mobili e transitori, che introducono in una società separazioni che si spostano, rompendo unità e suscitando raggruppamenti, marcando gl'individui stessi, smembrandoli e rimodellandoli, tracciando in loro, nel loro corpo e nella loro anima, regioni irriducibili. Come la trama delle relazioni di potere finisce per formare uno spesso tessuto che attraversa gli apparati e le istituzioni senza localizzarsi esattamente in essi, cosí la dispersione dei punti di resistenza attraversa le stratificazioni sociali e le unità individuali. Ed è probabilmente la codificazione strategica di questi punti di resistenza che rende possibile una rivoluzione, un po' come lo Stato riposa sull'integrazione istituzionale dei rapporti di potere.

È nel campo dei rapporti di forza che bisogna tentare di analizzare i meccanismi di potere. Cosí sfuggiremo a questo sistema Sovrano-Legge che per tanto tempo ha affascinato il pensiero politico. E, se è vero che Machiavelli fu uno dei pochi — ed era questo probabilmente lo scandalo del suo "cinismo" — a pensare il potere del Principe in termini di rapporti di forza, bisogna forse fare ancora un passo, rinunciare al personaggio del Principe e decifrare i meccanismi di potere a partire da una strategia immanente ai rapporti di forza.

Per tornare al sesso ed ai discorsi di verità che l'hanno assunto, il problema da risolvere non deve dunque essere: data tale struttura statale, come e perché "il" potere ha bisogno d'istituire un sapere del sesso? Non sarà nemmeno: a quale dominazione d'insieme ha servito la cura messa, dal XVIII secolo in poi, a produrre discorsi veri sul sesso? Né: quale legge ha presieduto contemporaneamente alla regolarità del comportamento sessuale ed alla conformità di quel che se ne diceva? Ma piuttosto: in un dato tipo di discorso sul sesso, in una data forma di estorsione della verità che appare storicamente ed in luoghi determinati (intorno al corpo del bambino, a proposito del sesso della donna, in occasione di pratiche restrittive della natalità, ecc.) quali sono le relazioni di potere piú immediate, piú locali che sono all'opera? Come rendono possibili questi tipi di discorso, ed inversamente come questi discorsi servono loro da supporto? Come viene a trovarsi modificato dal loro stesso esercizio il gioco di queste relazioni di potere — rafforzamento di certi termini, indebolimento di altri, effetti di resistenza, controinvestimenti, di modo che non c'è stato un tipo di assoggettamento stabile, dato una volta per tutte? Come queste relazioni di potere si legano le une alle altre secondo la logica di una strategia globale che prende retrospettivamente l'aspetto di una politica unitaria e volontaristica del sesso? Per parlare in modo schematico: piuttosto che ricondurre alla forma unica del grande Potere tutte le violenze infinitesimali che si esercitano sul sesso, tutti gli sguardi inquieti che si volgono verso di lui e tutti i nascondigli di cui si cancella ogni possibilità di conoscenza, si tratta d'immergere l'abbondante produzione dei discorsi sul sesso nel campo delle relazioni di potere multiformi e mobili.

Questo ci porta a porre, in via preliminare, quattro regole; che non sono però degli imperativi di metodo, ma tutt'al piú delle prescrizioni di prudenza.

1. *Regola d'imminenza*

Non considerare che ci sia una zona della sessualità che appartiene di diritto ad una conoscenza scientifica, disinteressata e libera, ma sulla quale le esigenze — economiche o ideologiche — del potere hanno fatto funzionare meccanismi di proibizione. La sessualità si è costituita come campo di conoscenza a partire da relazioni di potere che l'hanno costituita come oggetto possibile; e a sua volta il potere ha potuto prenderla come bersaglio perché tecniche di sapere e procedure di discorso sono state capaci d'investirla. Fra tecniche di sapere e strategie di potere non c'è nessuna esteriorità, anche se hanno ciascuna il loro ruolo specifico e si articolano l'una con l'altra a partire dalla loro differenza. Il punto di partenza sarà dunque quel che potremmo chiamare i "centri locali" di potere-sapere: per esempio, i rapporti che si stabiliscono fra penitente e confessore, o fedele e direttore di coscienza: dove sotto il segno della "carne" da dominare, diverse forme di discorso — esame di se stesso, interrogatori, confessioni, interpretazioni, colloqui — trasmettono, in una specie di va e vieni incessante, forme d'assoggettamento e schemi di conoscenza. Nello stesso modo il corpo del bambino, sorvegliato, circondato nella culla, nel letto o nella sua camera da tutto un girotondo di genitori, di nutrici, di domestici, di pedagoghi, di medici, tutti attenti alle minime manifestazioni del suo sesso, ha costituito, soprattutto a partire dal XVIII secolo, un altro "centro locale" di potere-sapere.

2. *Regola delle variazioni continue*

Non cercare chi ha il potere nell'ordine della sessualità (gli uomini, gli adulti, i genitori, i medici) e chi ne è privo (le donne, gli adolescenti, i bambini, i malati...); né chi ha il diritto di sapere, e chi è mantenuto a forza nell'ignoranza. Cercare piuttosto lo schema delle modificazioni che i rapporti di forza implicano in ragione del loro stesso funzionamento. Le "distribuzioni di potere," le "appropriazioni di sapere" non rappresentano mai nient'altro che dei tagli istantanei su processi o di rafforzamento cumulativo dell'elemento piú forte, o d'inversione del rapporto, o di crescita simultanea dei due termini. Le relazioni di potere-sapere non sono forme determinate di ripartizione, sono "matrici di trasformazioni." L'insieme costituito nel XIX secolo dal padre, la madre, l'educatore ed il medico intorno al bambino ed al suo sesso è stato attraversato da modificazioni incessanti, da spostamenti continui, di cui uno dei risultati piú spettacolari è stato uno strano capovolgimento: mentre la sessualità del bambino era stata problematizzata all'inizio in un rapporto che si stabiliva direttamente fra il medico ed i genitori (sotto la forma di consigli, di esortazioni a sorvegliarlo, di minacce per l'avvenire), alla fine nel rapporto fra lo psichiatra ed il bambino la sessualità stessa degli adulti si è trovata rimessa in questione.

3. *Regola del doppio condizionamento*

Nessun "centro locale," nessuno "schema di trasformazione" potrebbe funzionare se non s'iscrivesse in fin dei conti, con una serie di concatenazioni successive, in una strategia d'insieme. E viceversa, nessuna strategia potrebbe assicurare effetti globali se non poggiasse su relazioni precise e sottili che le servono non da applicazione e da conseguenza, ma da supporto e da punto d'aggancio. Fra gli uni e gli altri, né discontinuità, come se si trattasse di due livelli diversi (l'uno microscopico e l'altro macroscopico), né omogeneità (come se l'uno fosse solo la proiezione ingrandita o la miniaturizzazione dell'altro); bisogna piuttosto pensare al doppio condizionamento di una strategia in ragione della specificità delle tattiche possibili, e delle tattiche per effetto dell'involucro strategico che le fa funzionare. In questo senso il padre non è nella famiglia il "rappresentante" del sovrano o dello Stato; e questi ultimi non sono affatto le proiezioni del padre su un'altra scala. La famiglia non riproduce la società, e questa a sua volta non l'imita. Ma il dispositivo familiare, in quel che aveva appunto d'insulare e di eteromorfo rispetto agli altri meccanismi di potere, ha potuto servire da supporto alle grandi "manovre" per il controllo malthusiano della natalità, per le spinte popolazioniste, per la medicalizzazione del sesso e la psichiatrizzazione delle sue forme non genitali.

4. *Regola della polivalenza tattica dei discorsi.*

Quel che vien detto sul sesso non va analizzato semplicemente come la superficie di proiezione di questi meccanismi di potere. È proprio nel discorso che potere e sapere vengono ad articolarsi. Ed appunto per questa ragione bisogna concepire il discorso come una serie di segmenti discontinui, la cui funzione tattica non è né uniforme né stabile. Piú precisamente, non bisogna immaginare un mondo del discorso diviso fra il discorso approvato ed il discorso rifiutato o fra il discorso dominante e quello dominato; ma qualcosa come una molteplicità di elementi discorsivi, che possono entrare in gioco in strategie diverse. È questa distribuzione che bisogna restituire, con quel che implica di cose dette e di cose dissimulate, di enunciazioni sollecitate e proibite; con quel che presuppone di varianti e di effetti diversi a seconda di chi parla, della sua posizione di potere, del contesto istituzionale in cui è inserito; con quel che comporta infine di spostamenti e di riutilizzazioni di formule identiche per obiettivi opposti. I discorsi, come i silenzi d'altronde, non sono sottomessi al potere o rivolti contro di lui una volta per tutte. Bisogna ammettere un gioco complesso ed instabile in cui il discorso può essere contemporaneamente strumento ed effetto di potere, ma anche ostacolo, intoppo, punto di resistenza ed inizio di una strategia opposta. Il discorso trasmette e produce potere; lo rafforza ma lo mina anche, l'espone, lo rende fragile e permette di opporgli ostacoli. Nello stesso modo il silenzio ed il segreto proteggono il potere, danno radici ai suoi divieti; ma allentano anche le sue prese ed organizzano tolleranze piú o meno oscure. Si pensi per esempio alla storia di quel che fu per antonomasia "il" grande peccato contro natura. L'estrema discrezione dei testi sulla sodomia — questa categoria cosí confusa —, la reticenza quasi generale a parlarne ha permesso per molto tempo un doppio funzionamento: da una parte una estrema severità (condanna al rogo applicata ancora nel XVIII secolo, senza che nessuna protesta importante abbia potuto esser formulata prima della metà del secolo), e dall'altra una tolleranza indubbiamente molto ampia (che si deduce indirettamente dalla rarità delle condanne giudiziarie e che si coglie piú direttamente attraverso certe testimonianze sulle comunità di uomini che potevano esistere nell'esercito o nelle Corti). L'apparizione nel XIX secolo nella psichiatria, nella giurisprudenza ed anche nella letteratura di tutta una serie di discorsi sulla specie e le sottospecie di omosessualità, d'inversione, di pederastia, d'"ermafroditismo psichico," ha permesso sicuramente un enorme passo avanti dei controlli sociali in questa regione di "perversità"; ma ha permesso anche la costituzione di un discorso "di rimando": l'omosessualità si è messa a parlare di sé, a rivendicare la sua legittimità o la sua "naturalità," e spesso nel vocabolario e con le stesse categorie con cui era medicalmente screditata. Non c'è il discorso del potere da un lato, e di fronte un altro che gli si oppone. I discorsi sono elementi o blocchi tattici nel campo dei rapporti di forza; ce ne possono essere di diversi e persino di contraddittori all'interno di una stessa strategia; come possono al contrario circolare senza mutar forma fra strategie opposte. Ai discorsi sul sesso non va chiesto innanzitutto da quale teoria implicita derivino, o quale ideologia — dominante o dominata — rappresentino; bisogna piuttosto interrogarli ai due livelli della loro produttività tattica (quali effetti reciproci di potere e di sapere garantiscono) e della loro integrazione strategica (quale congiuntura e quale rapporto di forza rende necessaria la loro utilizzazione in questo o quell'episodio degli scontri diversi che si producono).

Si tratta insomma di orientarsi verso una concezione del potere che al privilegio della legge sostituisca il punto di vista dell'obiettivo, al privilegio del divieto il punto di vista dell'efficacia tattica, al privilegio della sovranità l'analisi di un campo multiforme e mobile di rapporti di forza in cui si producono effetti di dominio complessivi, ma mai completamente stabili. Il modello strategico, invece del modello del diritto. E questo non per una scelta speculativa o una preferenza teorica; ma perché effettivamente uno dei caratteri fondamentali delle società occidentali è che i rapporti di forza, che per tanto tempo avevano trovato nella guerra, in tutte le forme di guerra, la loro espressione principale, si sono investiti a poco a poco nell'ordine del potere politico.

3.

Campo

Non bisogna descrivere la sessualità come una pressione recalcitrante, estranea per natura e ribelle per necessità ad un potere che, dal canto suo, si consuma nel tentativo di sottometterla e spesso non riesce a controllarla completamente. Essa appare piuttosto come un punto di passaggio particolarmente denso per le relazioni di potere: fra uomini e donne, fra giovani e vecchi, fra genitori e figli, fra educatori ed alunni, fra sacerdoti e laici, fra un'amministrazione ed una popolazione. Nelle relazioni di potere la sessualità non è l'elemento piú sordo, ma anzi, uno di quelli dotati della piú ampia strumentalità, che possono essere usati per il maggior numero di manovre e servire da punto d'appoggio, da cardine alle strategie piú svariate.

Non c'è una strategia unica, complessiva, che valga per tutta la società e si riferisca in modo uniforme a tutte le manifestazioni del sesso: l'idea, per esempio, che spesso si sia cercato in vari modi di ridurre tutto il sesso alla funzione riproduttiva, alla sua forma eterosessuale ed adulta e alla sua legittimità matrimoniale, probabilmente non spiega i vari obiettivi presi di mira, i vari strumenti messi in opera nelle politiche sessuali che si sono dirette ai due sessi, alle diverse età e classi sociali.

Ad un primo sguardo, mi sembra che a partire dal XVIII secolo si possano distinguere quattro grandi insiemi strategici, che sviluppano a proposito del sesso dispositivi specifici di sapere e di potere. Non sono nati d'un sol tratto in quel momento; ma è allora che hanno preso una coerenza, hanno conseguito nell'ordine del potere un'efficacia e nell'ordine del sapere una produttività che consentono di descriverli nella loro relativa autonomia.

Isterizzazione del corpo della donna: triplice processo con il quale il corpo della donna è stato analizzato — qualificato e squalificato — come corpo integralmente saturo di sessualità; con il quale questo corpo è stato integrato, per effetto di una patologia che gli sarebbe intrinseca, al campo delle pratiche mediche; con il quale infine è stato messo in comunicazione organica con il corpo sociale (di cui deve assicurare la fecondità regolata), lo spazio familiare (di cui deve essere un elemento essenziale e funzionale) e la vita dei figli (che produce e che deve garantire grazie ad una responsabilità biologico-morale che dura per tutto il periodo dell'educazione): la Madre, con la sua immagine in negativo che è la "donna nervosa," costituisce la forma piú visibile di questa isterizzazione.

Pedagogizzazione del sesso del bambino: duplice affermazione che quasi tutti i bambini si danno o sono suscettibili di darsi ad un'attività sessuale; e che questa attività sessuale, che è illecita, "naturale" e "contro natura" ad un tempo, porta in sé pericoli fisici e morali, collettivi ed individuali; i bambini sono definiti come esseri sessuali "al limite," al di qua e contemporaneamente già nel sesso, su una linea critica di divisione; i genitori, le famiglie, gli educatori, i medici e piú tardi gli psicologi devono occuparsi, in modo continuo, di questo germe sessuale prezioso e soggetto a rischi, pericoloso ed in pericolo; questa pedagogizzazione si manifesta soprattutto nella guerra contro l'onanismo, che è durata in Occidente quasi due secoli.

Socializzazione delle condotte procreatrici: socializzazione economica attraverso tutte le incitazioni o i freni posti alla fecondità delle coppie a mezzo di misure "sociali" o fiscali; socializzazione politica attraverso la responsabilizzazione delle coppie nei confronti dell'intero corpo sociale (che bisogna limitare o al contrario rafforzare), socializzazione medica attraverso il valore patogeno per l'individuo e per la specie attribuito alle pratiche di controllo delle nascite.

Infine *psichiatrizzazione del piacere perverso*: l'istinto sessuale è stato isolato come istinto biologico e psichico autonomo; si è fatta l'analisi clinica di tutte le forme di anomalie da cui può essere affetto; gli si è assegnato un ruolo di normalizzazione e di patologizzazione sull'intera condotta; si è infine cercata per queste anomalie una tecnologia correttiva.

Nella preoccupazione del sesso, che cresce lungo tutto il XIX secolo, si delineano quattro figure, oggetti privilegiati di sapere, bersaglio, punto d'innesto per le operazioni del sapere: la donna isterica, il bambino masturbatore, la coppia malthusiana, l'adulto perverso; ognuna è il correlato di una di queste strategie che, ciascuna a suo modo, hanno attraversato ed utilizzato il sesso dei bambini, delle donne e degli uomini.

Di che si tratta in queste strategie? Di una lotta contro la sessualità, o di uno sforzo per prenderne il controllo? Di un tentativo di governarla meglio e dissimulare quel che può avere di indiscreto, di vistoso, di ribelle? Di un modo per formulare su di essa soltanto quella parte di sapere che sarebbe accettabile o utile? In realtà, si tratta piuttosto della produzione stessa della sessualità. Questa non deve esser considerata come una specie di dato naturale che il potere cercherebbe di domare, o come un campo oscuro che il sapere tenterebbe, a poco a poco, di svelare. È il nome che si può dare ad un dispositivo storico: non una realtà sottostante sulla quale sarebbe difficile esercitare una presa difficile, ma una grande trama di superficie dove la stimolazione dei corpi, l'intensificazione dei piaceri, l'incitazione al discorso, la formazione delle conoscenze, il rafforzamento dei controlli e delle resistenze si legano gli uni con gli altri sulla base di alcune grandi strategie di sapere e di potere.

Possiamo ammettere probabilmente che le relazioni sessuali hanno dato luogo, in ogni società, ad un *dispositivo di alleanza*: sistema del matrimonio, della fissazione e dello sviluppo delle parentele, della trasmissione dei nomi e dei beni. Questo dispositivo di alleanza, con i meccanismi di coercizione che lo garantiscono, con il sapere spesso complesso che richiede, ha perso la sua importanza, man mano che i processi economici e le strutture politiche non potevano piú trovarvi uno strumento adeguato o una base sufficiente. Le società occidentali moderne hanno inventato ed organizzato, soprattutto a partire dal XVIII secolo, un nuovo dispositivo che gli si sovrappone e, senza eliminarlo, ha contribuito a ridurne l'importanza. È il *dispositivo di sessualità*, che, come il dispositivo d'alleanza, s'innesta sui partner sessuali, ma secondo una modalità del tutto diversa. Li si potrebbe contrapporre punto per punto. Il dispositivo d'alleanza si struttura intorno ad un sistema di regole che definiscono quel che è permesso e quel che è vietato, il lecito e l'illecito; il dispositivo di sessualità funziona secondo tecniche mobili, polimorfe e congiunturali di potere. Il dispositivo d'alleanza ha, fra i suoi obiettivi principali, quello di riprodurre il gioco delle relazioni e di mantenere la legge che le governa; il dispositivo di sessualità produce piuttosto un'estensione permanente dei campi e delle forme di controllo. Per il primo, è il legame fra dei partner con uno statuto definito che è pertinente; per il secondo, sono le sensazioni del corpo, la qualità dei piaceri, la natura delle impressioni, per quanto sottili o impercettibili possano essere. Infine, se il dispositivo d'alleanza è profondamente articolato con l'economia, a causa del ruolo che può svolgere nella trasmissione o nella circolazione delle ricchezze, il dispositivo di sessualità è legato all'economia attraverso punti di scambio numerosi e sottili, ma il principale dei quali è il corpo — corpo che produce e che consuma. In poche parole, il dispositivo d'alleanza è finalizzato probabilmente ad una omeostasi del corpo sociale, che ha la funzione di mantenere: di qui il suo legame privilegiato con il diritto; di qui anche il fatto che il suo momento forte è la "riproduzione." Il dispositivo di sessualità ha la sua ragion d'essere non nel fatto di riprodursi, ma di proliferare, d'innovare, di annettere, d'inventare, di penetrare i corpi in modo sempre piú minuzioso e di controllare le popolazioni in modo sempre piú globale. Bisogna dunque ammettere tre o quattro tesi contrarie a quella immaginata dal tema di una sessualità repressa dalle forme moderne della società: la sessualità è legata a dispositivi recenti di potere; a partire dal XVII secolo si è trovata in espansione crescente; l'organizzazione che l'ha sorretta da allora in poi non è finalizzata alla riproduzione; è stata legata fin dall'origine ad un'intensificazione del corpo — alla sua valorizzazione come oggetto di sapere e come elemento nei rapporti di potere.

Dire che il dispositivo di sessualità si è sostituito al dispositivo d'alleanza non sarebbe esatto. Possiamo immaginare che forse un giorno gli succederà. Ma nei fatti oggi, se tende a sovrapporglisi, non l'ha né cancellato né reso inutile. D'altronde storicamente il dispositivo di sessualità si è creato intorno, ed a partire dal dispositivo d'alleanza. La pratica della penitenza, poi quella dell'esame di coscienza e della direzione spirituale ne sono state il nucleo formatore: come abbiamo visto,[19] quel che fu prima di tutto in gioco dinanzi al tribunale della penitenza era il sesso in quanto base delle relazioni; la domanda posta era quella del commercio permesso o proibito (adulterio, rapporti extraconiugali, relazioni con una persona vietata per ragioni di sangue o di statuto, carattere legittimo o illegittimo dell'atto di unione); poi, a poco a poco, con la nuova pastorale — e la sua applicazione nei seminari, nei collegi e nei conventi — si è passati da una problematica della relazione ad una problematica della "carne," cioè del corpo, della sensazione, della natura del piacere, dei movimenti piú segreti della concupiscenza, delle forme sottili del godimento e del consenso. La "sessualità" stava nascendo a partire da una tecnica di potere che all'origine era stata centrata sulla relazione matrimoniale. Da allora, non ha smesso di funzionare rispetto ad un sistema d'alleanza e sostenendosi su di esso. La cellula familiare, come è stata valorizzata nel corso del XVIII secolo, ha permesso che sulle sue due dimensioni principali — l'asse marito-moglie e l'asse genitori-figli — si sviluppassero gli elementi principali del dispositivo di sessualità (il corpo femminile, la precocità infantile, la regolazione delle nascite e, in misura probabilmente minore, la specificazione dei perversi). Nella sua forma attuale, la famiglia non va intesa come una struttura sociale, economica e politica, di alleanza che esclude la sessualità o almeno la tiene a freno, l'attenua per quanto possibile e ne prende solo le funzioni utili. Al contrario, ha il ruolo di darle radici e di costituirne la base permanente. Assicura la produzione di una sessualità che non è omogenea ai privilegi dell'alleanza, pur permettendo che i sistemi di alleanza siano attraversati da tutta una nuova tattica di potere che fino ad allora ignoravano. La famiglia è il punto d'articolazione della sessualità e dell'alleanza: traspone la legge e la dimensione giuridica

[19] Cfr. *supra*, p. 37.

nel dispositivo di sessualità, e traspone l'economia del piacere e l'intensità delle sensazioni nel regime dell'alleanza.

Questa fissazione del dispositivo d'alleanza e del dispositivo di sessualità nella forma della famiglia permette di comprendere un certo numero di fatti: che la famiglia sia diventata a partire dal XVIII secolo un luogo obbligatorio di affetti, di sentimenti, d'amore; che la sessualità abbia come luogo privilegiato d'espressione la famiglia, e che per questa ragione essa nasca "incestuosa." Può anche darsi che nelle società in cui predominano i dispositivi d'alleanza la proibizione dell'incesto sia una regola di funzionamento indispensabile. Ma in una società come la nostra, in cui la famiglia è il centro piú attivo della sessualità, ed in cui sono probabilmente le sue esigenze che ne mantengono e ne prolungano l'esistenza, l'incesto, per tutt'altre ragioni ed in tutt'altro modo, occupa un posto centrale; vi è sollecitato e rifiutato incessantemente, oggetto di orrore e di attrazione, segreto temuto e giuntura indispensabile. Ci appare come quel che è profondamente vietato nella famiglia nella misura in cui essa funziona come dispositivo d'alleanza; ma è anche quel che è continuamente richiesto perché la famiglia sia un luogo d'incitazione permanente della sessualità. Se per piú di un secolo l'Occidente si è tanto interessato alla proibizione dell'incesto, se in modo quasi unanime vi si è visto un universale sociale ed uno dei punti di passaggio obbligatori verso la cultura è forse perché vi si vedeva un mezzo per difendersi, non da un desiderio incestuoso, ma dall'estensione e dalle implicazioni di questo dispositivo di sessualità che si era, sí, messo in piedi ma che aveva, fra tanti vantaggi, l'inconveniente d'ignorare le leggi e le forme giuridiche dell'alleanza. Affermare che ogni società, qualunque essa sia, e di conseguenza la nostra, è sottomessa a questa regola delle regole, forniva la garanzia che questo dispositivo di sessualità, di cui si cominciavano a manipolare gli strani effetti — e fra questi l'intensificazione affettiva dello spazio familiare —, non potesse sfuggire al grande e vecchio sistema dell'alleanza. In questo modo il diritto, anche nella nuova meccanica di potere, era salvo. Perché è questo il paradosso di questa società, che dal

XVIII secolo ha inventato tante tecnologie di potere estranee al diritto, ch'essa in realtà ne teme gli effetti e le proliferazioni e cerca di trascriverle nelle forme del diritto. Se si ammette che la soglia di ogni cultura è la proibizione dell'incesto, allora la sessualità dall'inizio dei tempi è posta sotto il segno della legge e del diritto. L'etnologia, rielaborando continuamente da tanto tempo la teoria transculturale dell'interdizione dell'incesto, ha reso grandi servizi a tutto il dispositivo moderno di sessualità ed ai discorsi teorici ch'esso produce.

Quel che è successo dal XVII secolo può essere interpretato in questi termini: il dispositivo di sessualità, che si era sviluppato inizialmente al margine delle istituzioni familiari (nella direzione di coscienza, nella pedagogia), viene a poco a poco a centrarsi di nuovo sulla famiglia: quel che poteva comportare di estraneo, d'irriducibile, di rischioso forse, per il dispositivo d'alleanza — la coscienza di questo pericolo si manifesta nelle critiche tanto spesso mosse all'indiscrezione dei direttori ed in tutto il dibattito, un po' piú tardivo, sull'educazione privata o pubblica, istituzionale o familiare dei bambini[20] — è ora assunto dalla famiglia — una famiglia riorganizzata, ristretta probabilmente, certamente intensificata rispetto alle vecchie funzioni che esercitava nel dispositivo d'alleanza. I genitori, i congiunti diventano nella famiglia gli agenti principali di un dispositivo di sessualità che all'esterno poggia sui medici, sui pedagoghi, piú tardi sugli psichiatri, e che all'interno viene ad accostarsi, per "psicologizzarli" o "psichiatrizzarli" ben presto, ai rapporti d'alleanza. Appaiono allora questi nuovi personaggi: la donna nervosa, la moglie frigida, la madre indifferente o assillata da ossessioni omicide, il marito impotente, sadico, perverso, la figlia isterica o nevrastenica, il bambino precoce e già consumato, il giovane omosessuale che rifiuta il matrimonio o trascura la moglie. Sono le figure miste dell'alleanza fuorviata e della sessualità anormale; portano il disordine di quest'ulti-

[20] *Le Tartuffe* di Molière e *Le Précepteur* di Lenz, a piú di un secolo di distanza, rappresentano tutti e due l'interferenza del dispositivo di sessualità sul dispositivo di famiglia, nel caso della direzione spirituale per *Le Tartuffe* e dell'educazione per *Le Précepteur*.

ma nell'ordine della prima; e per il sistema dell'alleanza sono l'occasione di far valere i suoi diritti nell'ordine della sessualità. Una richiesta incessante viene allora dalla famiglia, perché la si aiuti a risolvere questi difficili giochi della sessualità e dell'alleanza; e presa in trappola dal dispositivo di sessualità che l'aveva investita dall'esterno e che aveva contribuito a solidificarla nella sua forma moderna, rivolge ai medici, ai pedagoghi, agli psichiatri, persino ai sacerdoti ed ai pastori, a tutti gli "esperti" possibili, il lungo lamento della sua sofferenza sessuale. Come se scoprisse improvvisamente il temibile segreto di quel che le si era inculcato e che non si finiva di suggerirle: che, arca essenziale dell'alleanza, essa era il germe di tutti gli infortuni del sesso. Ed eccola, almeno dalla metà del XIX secolo, braccare in sé le minime tracce di sessualità, strapparsi le confessioni piú difficili, sollecitare l'ascolto di tutti quelli che possono saperla lunga ed aprirsi da parte a parte ad un esame senza fine. La famiglia è il cristallo nel dispositivo di sessualità: sembra diffondere una sessualità, che in realtà riflette e diffrange. Con la sua penetrabilità e con questo gioco di richiami verso l'esterno è per questo dispositivo uno degli elementi tattici piú preziosi.

Ma questo non è avvenuto senza tensioni e senza problemi. Qui ancora, Charcot è probabilmente una figura centrale. Per anni fu il piú illustre di coloro ai quali le famiglie, impacciate da questa sessualità che le saturava, domandavano arbitrio e cure. E lui, che riceveva da tutto il mondo genitori che conducevano i loro figli, mariti le loro mogli, mogli i loro mariti, aveva come prima preoccupazione quella di separare il "malato" dalla famiglia — e spesso lo consiglia ai suoi allievi — e di ascoltare quest'ultima il meno possibile per meglio osservarlo.[21] Cercava di staccare il campo della sessualità dal

[21] Charcot, *Leçons du mardi*. 7 gennaio 1888: "Per ben curare una giovane isterica, non bisogna lasciarla con il padre e la madre, la si deve mettere in una casa di cura [...] Sapete per quanto tempo le giovani ben educate piangono le loro madri, quando queste le lasciano? [...] In media, è per una mezz'ora, non è molto."

21 febbraio 1888: "Nel caso d'isteria dei ragazzi, quel che si deve fare è di separarli dalle madri. Finché sono con le madri, non c'è niente da fare [...] Talvolta il padre è altrettanto insopportabile della madre; la cosa migliore è dunque eliminarli tutti e due."

sistema dell'alleanza, per trattarlo direttamente con una pratica medica la cui tecnicità ed autonomia erano garantite dal modello neurologico. In questo modo la medicina riprendeva a suo conto, e secondo le regole di un sapere specifico, una sessualità di cui essa stessa aveva incitato le famiglie a preoccuparsi come di un compito e di un pericolo essenziali. E Charcot, a piú riprese, nota con quanta difficoltà le famiglie "cedessero" al medico il paziente che pure erano venute ad affidargli, come assediassero le case di cura in cui il soggetto era isolato e con quante interferenze disturbassero continuamente il lavoro del medico. Eppure non avevano ragione d'inquietarsi: era per render loro degli individui sessualmente integrabili al sistema della famiglia che il terapeuta interveniva; e quest'intervento, pur manipolando il corpo sessuale, non l'autorizzava a formularsi in discorso esplicito. Di queste "cause genitali" non bisogna parlare: questa fu la frase, detta a mezza voce che l'orecchio piú famoso della nostra epoca sorprese, un giorno del 1886, nella bocca di Charcot.

In questo spazio è venuta a porsi la psicanalisi, ma modificando in modo considerevole il regime delle inquietudini e delle rassicurazioni. All'inizio doveva certo suscitare diffidenza ed ostilità poiché, portando al limite la lezione di Charcot, si metteva ad esplorare la sessualità degl'individui al di fuori del controllo familiare; portava alla luce questa sessualità senza ricoprirla del modello neurologico; meglio ancora, rimetteva in questione le relazioni familiari nell'analisi che ne faceva. Ma ecco che la psicanalisi, che sembrava nelle sue modalità tecniche porre la confessione della sessualità al di fuori della sovranità familiare, ritrovava nel cuore stesso di questa sessualità, come principio della sua formazione e cifra della sua intelligibilità, la legge dell'alleanza, i giochi confusi delle nozze e della parentela, l'incesto. La garanzia che, al fondo della sessualità di ciascuno, si ritrovasse il rapporto genitori-figli, permetteva di conservare la fissazione del dispositivo di sessualità sul sistema d'alleanza, nel momento in cui tutto sembrava indicare il processo inverso. Non c'era rischio che la sessualità apparisse, per natura, estranea alla legge: essa non si costituiva che attraverso quest'ultima. Genitori, non temete di condurre i vostri figli all'analisi: essa insegnerà loro che in ogni caso è voi che amano. Figli, non vi lamentate troppo di non essere orfani e di ritrovare sempre al fondo di voi stessi là Madre-Oggetto o il segno sovrano del Padre: è attraverso di loro che avete accesso al desiderio. Di qui, dopo tante reticenze, l'immenso consumo d'analisi nelle società in cui il dispositivo d'alleanza ed il sistema della famiglia avevano bisogno di rafforzarsi. Perché è questo uno dei punti fondamentali in tutta la storia del dispositivo di sessualità: con la tecnologia della "carne" nel Cristianesimo classico, è nato poggiandosi sui sistemi d'alleanza e le regole che li governano; ma oggi svolge un ruolo inverso: è esso che tende a sostenere il vecchio dispositivo d'alleanza. Dalla direzione di coscienza alla psicanalisi i dispositivi d'alleanza e di sessualità, ruotando l'uno rispetto all'altro secondo un lento processo che ha ormai piú di tre secoli, hanno rovesciato la loro posizione; nella pastorale cristiana la legge dell'alleanza codificava questa carne che si stava scoprendo e le imponeva sin dall'inizio un'armatura ancora giuridica; con la psicanalisi, è la sessualità che dà corpo e vita alle regole dell'alleanza saturandole di desiderio.

Il campo che si tratterà di analizzare nei vari studi che faranno seguito a questo volume è dunque questo dispositivo di sessualità: la sua formazione a partire dalla carne cristiana; il suo sviluppo attraverso le quattro grandi strategie che si sono dispiegate nel XIX secolo: sessualizzazione del bambino, isterizzazione della donna, specificazione dei perversi, regolazione delle popolazioni, tutte strategie che passano attraverso una famiglia di cui va tenuto presente che è stata un fattore capitale di sessualizzazione e non una potenza d'interdizione.

Il primo momento corrisponderebbe alla necessità di costituire una "forza lavoro" (dunque nessuna "spesa" inutile, nessuno spreco d'energia, tutte le forze concentrate solo sul lavoro) e di assicurare la sua riproduzione (coniugalità, fabbricazione regolata di bambini). Il secondo momento corrisponderebbe all'epoca dello *Spätkapitalismus*, in cui lo sfruttamento del lavoro salariato non esige le stesse coercizioni violente e fisiche del

XIX secolo ed in cui la politica del corpo non richiede piú l'eliminazione del sesso o la sua limitazione al solo ruolo riproduttivo, ma passa piuttosto per la sua canalizzazione multiforme nei circuiti controllati dall'economia: una desublimazione arcirepressiva, come si dice.

Ora, se la politica del sesso non mette in opera essenzialmente la legge del divieto, ma tutto un apparato tecnico, se si tratta piú della produzione della "sessualità" che della repressione del sesso, bisogna abbandonare questa scansione, spostare l'analisi rispetto al problema della "forza lavoro" ed abbandonare probabilmente l'energetismo diffuso che sostiene il tema di una sessualità repressa per ragioni economiche.

4.

Periodizzazione

Se si vuole centrare la storia della sessualità sui meccanismi di repressione, questo presuppone due rotture. Una nel corso del XVII secolo: nascita delle grandi proibizioni, valorizzazione della sola sessualità adulta e matrimoniale, imperativi di decenza, elusione obbligatoria del corpo, riduzione al silenzio e pudori imperativi del linguaggio; l'altra, nel XX secolo; piú che rottura, in realtà inflessione della curva: è il momento in cui i meccanismi della repressione avrebbero cominciato ad allentarsi; si sarebbe passati da divieti sessuali rigidi ad una relativa tolleranza nei confronti delle relazioni prematrimoniali o extramatrimoniali; il discredito nei confronti dei "perversi" si sarebbe attenuato, la loro condanna da parte della legge sarebbe stata parzialmente cancellata; si sarebbero tolti in buona parte i tabú che pesavano sulla sessualità dei bambini.

Bisogna tentare di seguire la cronologia di queste procedure: le invenzioni, i mutamenti strumentali, le permanenze. Ma c'è anche il calendario della loro utilizzazione, la cronologia della loro diffusione e degli effetti (d'assoggettamento o di resistenza) che inducono. Queste datazioni molteplici non coincidono probabilmente con il grande ciclo repressivo che viene in genere situato fra il XVII ed il XX secolo.

1. La cronologia delle tecniche stesse risale lontano. Bisogna cercare il loro punto di formazione nelle pratiche penitenziali del Cristianesimo medievale, o piuttosto nella doppia serie costituita dalla confessione obbligatoria, esaustiva e periodica, imposta a tutti i fedeli dal Concilio Laterano, e dai metodi dell'ascetismo, dell'esercizio spirituale e del misticismo, che si sono sviluppati con un'intensità particolare dopo il XIV secolo. La Riforma prima, il cattolicesimo tridentino poi segnano una mutazione importante ed una rottura in quel che potremmo chiamare la "tecnologia tradizionale della carne"; rottura la cui profondità non va sottovalutata. Il che non esclude però un certo parallelismo nei metodi cattolici e protestanti dell'esame di coscienza e della direzione pastorale: qui e là si fissano, con sottigliezze diverse, procedimenti di analisi e di trasposizione in discorso della "concupiscenza." Tecnica ricca, raffinata, che si sviluppa a partire dal XVI secolo attraverso lunghe elaborazioni teoriche e che si fissa alla fine del XVIII in formule che possono simbolizzare da una parte il rigorismo mitigato di Alfonso de Liguori e dall'altra la pedagogia wesleyana.

Alla fine di questo stesso XVIII secolo, e per ragioni che bisognerà determinare, nasceva una tecnologia del sesso completamente nuova; nuova perché, senza essere realmente indipendente dalla tematica del peccato, sfuggiva nell'essenziale all'istituzione ecclesiastica. Per il tramite della pedagogia, della medicina e dell'economia, essa faceva del sesso non solo un problema laico, ma un affare di Stato; meglio, un problema in cui l'intero corpo sociale, e quasi ciascun individuo erano chiamati a porsi sotto sorveglianza. Nuova anche perché si sviluppava secondo tre assi: la pedagogia, con l'obiettivo della sessualità specifica del bambino; la medicina, con quello della fisiologia sessuale specifica delle donne; infine la demografia con l'obiettivo della regolazione spontanea o concertata delle nascite. Il "peccato di giovinezza," le "malattie di nervi" e le "frodi alla procreazione" (come saranno chiamati piú tardi questi "funesti segreti") caratterizzano dunque i tre campi privilegiati di questa nuova tecnologia. Probabilmente per ciascuno di questi punti essa riprende, semplificandoli, metodi già costituiti dal Cristianesimo (non è irrilevante che il primo trattato consacrato al peccato di *Mollities* sia stato scritto nel XV secolo da Gerson, educatore e mistico, e che la raccolta dell'*Onania* redatta da Dekker nel XVIII secolo riprenda parola per parola esempi usati dalla pastorale anglicana); la medicina dei nervi e dei vapori, nel XVIII secolo, riprende a sua volta il campo d'analisi isolato già nel momento in cui i fenomeni della possessione avevano aperto una grave crisi nelle pratiche cosí "indiscrete" della direzione di coscienza e dell'esame spirituale (la malattia nervosa non è certamente la verità della possessione; ma la medicina dell'isteria non è senza un qualche rapporto con la vecchia direzione degli "ossessi"); e le campagne a proposito della natalità spostano, in un'altra forma e ad un altro livello, il controllo dei rapporti coniugali il cui esame era stato portato avanti con tanta ostinazione dalla penitenza cristiana. Continuità visibile, che però non impedisce una trasformazione capitale; la tecnologia del sesso si organizzerà a partire da questo momento essenzialmente intorno all'istituzione medica, all'esigenza di normalità, ed al problema della vita e della malattia piuttosto che intorno alla questione della morte e della punizione. La "carne" è ridotta all'organismo.

Questo mutamento si situa alla svolta fra XVIII e XIX secolo, ed ha aperto la strada a molte altre trasformazioni che ne derivano. Una di esse ha dapprima staccato la medicina del sesso dalla medicina generale del corpo; ha isolato un "istinto" sessuale, suscettibile, anche senza alterazioni organiche, di presentare anomalie costitutive, deviazioni acquisite, infermità o processi patologici. La *Psychopathia sexualis* di Heinrich Kaan, del 1846, può servire da indicatore: a questi anni risalgono la relativa autonomizzazione del sesso rispetto al corpo, l'apparizione correlativa di una medicina e di una "ortopedia" che gli si riferirebbero adesso in maniera specifica, l'apertura in poche parole del grande campo medico-psicologico delle "perversioni," che doveva sostituire le vecchie categorie morali della dissolutezza o dell'eccesso. Nella stessa epoca, l'analisi dell'ereditarietà poneva il sesso (le relazioni sessuali, le malattie veneree, le alleanze matrimoniali, le perversioni) in posizione di "responsabilità biologica" nei confronti della specie: non solo il sesso poteva essere affetto dalle proprie malattie, ma poteva anche, se non lo si controllava, trasmettere delle malattie, o crearne per le generazioni future: esso appariva cosí all'origine di tutto un capitale patologico della specie. Di qui il progetto medico, ma anche politico, di organizzare una gestione statale dei matrimoni, delle nascite e della sopravvivenza: il sesso e la sua fecondità devono essere amministrati. La medicina delle perversioni ed i programmi dell'eugenismo sono stati, nella tecnologia del sesso, le due grandi innovazioni della seconda metà del XIX secolo.

Innovazioni che si articolavano facilmente, poiché la teoria della "degenerescenza" permetteva loro di rinviare perpetuamente dall'una all'altra; spiegava come una pesante ereditarietà di malattie diverse — organiche, funzionali o psichiche, poco importa — producesse in fin dei conti un perverso sessuale (cercate nella genealogia di un esibizionista o di un omosessuale: vi troverete un antenato emiplegico, un genitore tisico o uno zio affetto da demenza senile) ma spiegava pure come una perversione sessuale producesse un esaurimento della discendenza — rachitismo dei bambini, sterilità delle generazioni future. L'insieme perversione-ereditarietà-degenerescenza ha costituito il nucleo consistente delle nuove tecnologie del sesso. E non si creda che si trattasse solo di una teoria medica scientificamente insufficiente ed abusivamente moralizzatrice. La sua superficie di dispersione è stata vasta e la sua penetrazione profonda. La psichiatria, ma anche la giurisprudenza, la medicina legale, le istanze del controllo sociale, la sorveglianza dei bambini pericolosi o in pericolo, hanno funzionato a lungo sulla base della "degenerescenza," del sistema ereditarietà-perversione. Tutta una pratica sociale, di cui il razzismo di Stato fu la forma esasperata e coerente ad un tempo, ha dato a questa tecnologia del sesso una potenza spaventosa ed effetti estesi.

La posizione singolare della psicanalisi alla fine del XIX

secolo si capirebbe male, se non si vedesse la rottura che ha operato nei confronti del grande sistema della degenerescenza: essa ha ripreso il progetto di una tecnologia medica propria dell'istinto sessuale, ma ha cercato di liberarlo dalle sue correlazioni con l'ereditarietà e dunque con tutti i razzismi e tutti gli eugenismi. Si può ritornare oggi su quanto poteva esserci di volontà normalizzatrice in Freud; si può anche denunciare il ruolo svolto da anni dall'istituzione psicanalitica; in questa grande famiglia delle tecnologie del sesso, che risale cosí indietro nella storia dell'Occidente cristiano, e fra quelle che hanno intrapreso, nel XIX, la medicalizzazione del sesso, essa fu, fino agli anni '40 del nostro secolo, quella che si è opposta rigorosamente agli effetti politici ed istituzionali del sistema perversione-ereditarietà-degenerescenza.

È evidente che la genealogia di tutte queste tecniche, con le loro trasformazioni, spostamenti, continuità, rotture, non coincide con l'ipotesi di una grande fase repressiva inaugurata nel corso dell'età classica e sul punto di chiudersi lentamente nel corso del XX secolo. C'è stata piuttosto un'inventività perpetua, un rigoglio costante dei metodi e dei procedimenti, con due momenti particolarmente fecondi in questa storia proliferante: verso la metà del XVI secolo, lo sviluppo delle procedure di direzione e d'esame di coscienza; all'inizio del XIX secolo, l'apparizione delle tecnologie mediche del sesso.

2. Ma questa sarebbe ancora solo una datazione delle tecniche in quanto tali. Altra è stata la storia della loro diffusione e dei loro punti d'applicazione. Se si scrive la storia della sessualità in termini di repressione, e si riferisce questa repressione all'utilizzazione della forza lavoro, bisogna supporre che i controlli sessuali siano stati tanto piú intensi ed accurati nella misura in cui si rivolgevano alle classi povere; si deve immaginare che hanno seguito le linee della dominazione piú massiccia e dello sfruttamento piú sistematico: l'uomo adulto, giovane, che non possedeva che la sua forza per vivere, avrebbe dovuto essere il bersaglio principale d'un assoggettamento destinato a spostare le energie disponibili dal piacere

inutile verso il lavoro obbligatorio. In realtà, non sembra che le cose siano andate cosí. Anzi le tecniche piú rigorose si sono formate, e soprattutto sono state inizialmente applicate con la massima intensità, nelle classi economicamente privilegiate e politicamente dirigenti. La direzione delle coscienze, l'esame di se stessi, tutta la lunga elaborazione dei peccati della carne, l'esplorazione scrupolosa della concupiscenza — altrettante pratiche sottili che non potevano nei fatti essere accessibili che a gruppi ristretti. Il metodo penitenziale di Alfonso de Liguori, le regole proposte da Wesley ai metodisti, hanno, è vero, assicurato loro una qualche diffusione piú ampia, ma al prezzo di una semplificazione considerevole. Si potrebbe dire altrettanto della famiglia come istanza di controllo e luogo di saturazione sessuale: è nella famiglia "borghese" o "aristocratica" che fu inizialmente problematizzata la sessualità dei bambini o degli adolescenti, e medicalizzata la sessualità femminile; essa fu messa per prima in allarme sulla patologia possibile del sesso, l'urgenza di sorvegliarlo e la necessità d'inventare una tecnologia razionale di correzione. Fu la prima a costituire un luogo di psichiatrizzazione del sesso, la prima a entrare in eretismo sessuale, creandosi paure, inventando ricette, invocando il soccorso delle tecniche specializzate, suscitando, per poterseli ripetere, innumerevoli discorsi. È la borghesia che ha cominciato a considerare il proprio sesso come una cosa importante, un fragile tesoro, un segreto la cui conoscenza era indispensabile. Non bisogna dimenticare che il personaggio che per primo è stato investito dal dispositivo di sessualità, uno dei primi ad esser "sessualizzato," fu la donna "oziosa," ai limiti del "mondo," dove doveva sempre figurare come valore, e della famiglia in cui le si assegnava una parte nuova di obblighi di sposa e di madre: cosí è apparsa la donna "nervosa," la donna affetta da "vapori"; qui ha trovato il suo punto di innesto l'isterizzazione della donna. Quanto all'adolescente che sperpera in piaceri segreti la sua futura sostanza, il bambino onanista che ha tanto preoccupato i medici e gli educatori dalla fine del XVIII fino alla fine del XIX secolo, non era il bambino del popolo, il futuro operaio al quale si sarebbero dovute insegnare le discipline del corpo; era il collegiale, il bambino circondato da domestici, da precettori e da governanti, e che rischiava di compromettere non tanto una forza fisica, ma delle capacità intellettuali, un dovere morale e l'obbligo di conservare alla sua famiglia ed alla sua classe una discendenza sana.

Al contrario, gli strati popolari sono a lungo sfuggiti al dispositivo di "sessualità." Certo, erano sottoposti, secondo modalità particolari, al dispositivo delle "alleanze": valorizzazione del matrimonio legittimo e della fecondità, esclusione delle unioni consanguinee, prescrizioni di endogamia sociale e locale. È poco probabile invece che la tecnologia cristiana della carne abbia mai avuto per essi una grande importanza. Quanto ai meccanismi di sessualizzazione, vi sono penetrati lentamente, e probabilmente in tre tappe successive. Innanzitutto, a proposito della natalità, quando alla fine del XVIII secolo fu scoperto che l'arte d'ingannare la natura non era il privilegio dei cittadini e dei dissoluti, ma che era conosciuta e praticata da coloro che, vicini alla natura, avrebbero dovuto ripugnarvi piú di tutti gli altri. In un secondo tempo, quando l'organizzazione della famiglia "canonica" è apparsa, intorno agli anni '30 del XIX, secolo, come uno strumento di controllo politico e di regolazione economica indispensabile all'assoggettamento del proletariato urbano: grande campagna per la "moralizzazione delle classi povere." Infine, quando si sviluppò alla fine del secolo il controllo giudiziario e medico delle perversioni, in nome d'una protezione generale della società e della razza. Si può dire che allora il dispositivo di "sessualità," elaborato nelle sue forme piú complesse e piú intense per e dalle classi privilegiate, si è diffuso nell'intero corpo sociale, senza però assumere dappertutto le stesse forme né utilizzare gli stessi strumenti (i ruoli rispettivi dell'istanza medica e dell'istanza giudiziaria non sono stati gli stessi nell'un caso e nell'altro; e nemmeno il modo in cui ha funzionato la medicina della sessualità).

Questi richiami cronologici — che si tratti dell'invenzione delle tecniche o del calendario della loro diffusione — hanno la loro importanza. Rendono molto dubbia l'idea di un ciclo repressivo, che avrebbe un inizio ed una fine, o che almeno delineerebbe una curva con i suoi punti d'inflessione: non c'è stata verosimilmente un'epoca della restrizione sessuale. Fanno dubitare anche dell'omogeneità del processo a tutti i livelli della società ed in tutte le classi: non c'è stata una politica sessuale unitaria. Ma soprattutto rendono problematico il senso del processo e le sue ragioni d'essere: non è affatto, sembra, come principio di limitazione del piacere degli altri che il dispositivo di sessualità è stato creato da quel che si aveva l'abitudine di chiamare le "classi dirigenti." Pare piuttosto che queste l'abbiano innanzitutto sperimentato su se stesse. Nuova metamorfosi dell'ascetismo borghese tante volte descritto a proposito della Riforma, della nuova etica del lavoro e della nascita del capitalismo? Sembra in realtà che non si tratti in questo caso di un ascetismo, o comunque di una rinuncia al piacere o di un discredito della carne; ma invece di una intensificazione del corpo, d'una problematizzazione della salute e delle sue condizioni di funzionamento; si tratta di nuove tecniche per ottimizzare la vita. Piuttosto che di una repressione del sesso delle classi da sfruttare, il problema fu innanzitutto quello del corpo, del vigore, della longevità, della progenitura e della discendenza delle classi che "dominavano." È qui che fu stabilito in prima istanza il dispositivo di sessualità, come distribuzione nuova dei piaceri, dei discorsi, delle verità e dei poteri. Bisogna immaginarvi l'autoaffermazione di una classe piuttosto che l'asservimento di un'altra: una difesa, una protezione, una rinuncia, un'esaltazione, che furono in seguito — a prezzo di un certo numero di trasformazioni — estese agli altri come mezzo di controllo economico e di subordinazione politica. In quest'investimento del proprio sesso da parte di una tecnologia di potere e di sapere ch'essa stessa inventava, la borghesia faceva valere l'alto prezzo politico del suo corpo, delle sue sensazioni, dei suoi piaceri, della sua salute, della sua sopravvivenza. In tutte queste procedure non bisogna isolare ciò che può esserci di restrizione, di pudore, di elusione o di silenzio, per riferirle ad un qualche divieto costitutivo, o ad una rimozione, o ad un istinto di morte. È un'organizzazione politica della vita che si è costituita, non in un asservimento degli altri, ma in un'affermazione di sé. È ben lungi dall'essere vero che la classe che diventava egemonica nel XVIII secolo abbia creduto di dover amputare il suo corpo di un sesso inutile, dissipatore e pericoloso appena non era piú destinato alla sola riproduzione; possiamo dire al contrario che si è data un corpo da curare, da proteggere, da educare, da preservare da tutti i pericoli e da tutti i contatti, da isolare dagli altri perché conservi il suo valore differenziale; e questo fornendosi, fra altri mezzi, di una tecnologia del sesso.

Il sesso non è la parte del corpo che la borghesia ha dovuto screditare o annullare per mettere al lavoro quelli che dominava. È l'elemento di se stessa che l'ha piú di ogni altro inquietata, preoccupata, che ha sollecitato ed ottenuto le sue cure, ch'essa ha coltivato con un misto di paura, di curiosità, di piacere e di febbrilità. Gli ha identificato, o almeno subordinato, il suo corpo, assegnandogli un potere misterioso ed indefinito su di esso; ne ha fatto dipendere la sua vita e la sua morte, rendendolo responsabile della sua salute futura; ha investito in esso il suo avvenire, supponendo che avesse effetti ineluttabili sulla sua discendenza; gli ha subordinato la sua anima, pretendendo ch'esso ne costituiva l'elemento piú segreto e piú determinante. Non immaginiamoci una borghesia che si castra simbolicamente per meglio rifiutare agli altri il diritto di avere un sesso e di usarlo a loro piacimento. Bisogna piuttosto vederla occupata, fin dalla metà del XVIII secolo, a darsi una sessualità ed a costituirsi a partire da essa un corpo specifico, un corpo "di classe," con una salute, un'igiene, una discendenza, una razza: autosessualizzazione del corpo, incarnazione del sesso nel proprio corpo, endogamia del sesso e del corpo. C'erano probabilmente per questo molte ragioni.

In primo luogo una trasposizione, in altre forme, dei procedimenti utilizzati dalla nobiltà per significare e conservare la sua distinzione di casta: anche l'aristocrazia nobiliare aveva, infatti, affermato la specificità del suo corpo, ma nella forma del *sangue*, cioè dell'antichità delle ascendenze e del valore delle alleanze matrimoniali; la borghesia invece, per darsi un corpo, ha guardato verso la sua discendenza e la salute del suo organismo. Il "sangue" della borghesia fu il suo sesso. E questo non è un gioco di parole; molti temi propri alle maniere di casta della nobiltà si ritrovano nella borghesia del XIX secolo, ma sotto le specie di precetti biologici, medici o eugenistici; la preoccupazione genealogica è diventata inquietudine per l'ereditarietà; nei matrimoni si sono presi in considerazione non solo imperativi economici e regole d'omogeneità sociale, non solo le promesse dell'eredità ma anche le minacce dell'ereditarietà; le famiglie portavano e nascondevano una specie di blasone rovesciato e tenebroso i cui quarti infamanti erano le malattie o le tare della parentela — la paralisi generale dell'avo, la nevrastenia della madre, la tisi dell'ultima figlia, le zie isteriche o erotomani, e cugini dai cattivi costumi. Ma in questa preoccupazione del corpo sessuale c'era piú della trasposizione borghese dei temi affini di affermazione di sé della nobiltà. Si trattava di un altro progetto: quello di un'espansione indefinita della forza, del vigore, della salute, della vita. La valorizzazione del corpo è da mettere in rapporto con il processo di crescita e di affermazione dell'egemonia borghese: non a causa però del valore di merce preso dalla forza lavoro, ma a causa di quel che poteva rappresentare politicamente, economicamente, storicamente anche, per il presente e per l'avvenire della borghesia, la "cultura" del proprio corpo. La sua dominazione ne dipendeva in una certa misura; non era solo una questione d'economia o d'ideologia, era anche un problema "fisico." Ne portano testimonianza le opere pubblicate in sí gran numero alla fine del XVIII secolo sull'igiene del corpo, l'arte della longevità, i metodi per fare dei bambini in buona salute e conservarli in vita il piú a lungo possibile, i procedimenti per migliorare la discendenza umana; esse attestano in tal modo la correlazione di questa preoccupazione del corpo e del sesso con un "razzismo," che è però molto diverso da quello manifestato dalla nobiltà e subordinato a fini essenzialmente conservatori. Si tratta di un razzismo dinamico, di un razzismo dell'espansione, anche se non lo si trova ancora che allo stato embrionale e se ha dovuto aspettare la seconda metà del XIX secolo per portare i frutti che noi abbiamo conosciuto.

Mi perdonino quelli per cui borghesia significa liquidazione del corpo e rimozione della sessualità, quelli per cui lotta di classe implica scontro per eliminare questa rimozione. La "filosofia spontanea" della borghesia non è forse cosí idealista né castratrice come si afferma; una delle sue prime preoccupazioni, in ogni caso, è stata di darsi un corpo ed una sessualità — di assicurarsi la forza, la perennità, la proliferazione secolare di questo corpo attraverso l'organizzazione di un dispositivo di sessualità. E questo processo era legato al movimento con cui affermava la sua differenza e la sua egemonia. Bisogna probabilmente ammettere che una delle forme primordiali della coscienza di classe è l'affermazione del corpo; almeno fu cosí per la borghesia, nel corso del XVIII secolo; essa ha convertito il sangue blu dei nobili in un organismo in buona salute ed in una sessualità sana; si capisce perché ha messo tanto tempo ed opposto tante reticenze a riconoscere un corpo ed un sesso alle altre classi — a quelle appunto che sfruttava. Le condizioni di vita che erano fatte al proletariato, soprattutto nella prima metà del XIX secolo, mostrano che si era lontani dal prendersi cura del suo corpo e del suo sesso[22]: poco importava che quella gente vivesse o morisse, in ogni caso si riproduceva da sola. Perché il proletariato sia dotato di un corpo e di una sessualità, perché la sua salute, il suo sesso e la sua riproduzione costituiscano un problema, sono stati necessari conflitti (in particolare a proposito dello spazio urbano: coabitazione, prossimità, contaminazione, epidemie, come il colera del 1832, o ancora prostituzione e malattie veneree); sono state necessarie urgenze economiche (sviluppo dell'industria pesante, con la necessità di una mano d'opera stabile e competente, obbligo di controllare i flussi di popolazione e di giungere a delle

[22] Cfr. K. Marx, *Il Capitale*, l. I, cap. VIII, 2, *La voracità di pluslavoro.*

regolazioni demografiche); è stata necessaria infine la creazione di tutta una tecnologia di controllo che permetteva di tenere sotto sorveglianza il corpo e la sessualità che infine si riconosceva loro (la scuola, la politica dell'habitat, l'igiene pubblica, le istituzioni di soccorso e di assicurazione, la medicalizzazione generale delle popolazioni, insomma tutto un apparato amministrativo e tecnico che ha permesso d'importare senza pericolo il dispositivo di sessualità nella classe sfruttata, in quanto non rischiava piú di svolgere un ruolo di affermazione di classe nei confronti della borghesia, ma restava anzi lo strumento della sua egemonia). Di qui probabilmente le reticenze del proletariato ad accettare questo dispositivo; di qui la sua tendenza a dire che tutta questa sessualità è un problema dei borghesi e non lo riguarda.

Alcuni credono di poter denunciare contemporaneamente due ipocrisie simmetriche: quella, dominante, della borghesia che negherebbe la propria sessualità, e quella, indotta, del proletariato che rifiuta a sua volta la sua perché accetta l'ideologia che gli sta di fronte. Far questo significa capire male il processo con il quale la borghesia si è piuttosto dotata, in un'affermazione politica arrogante, di una sessualità loquace che il proletariato ha rifiutato a lungo d'accettare non appena in seguito gli venne imposta a fini di assoggettamento. Se è vero che la "sessualità" è l'insieme degli effetti prodotti nei corpi, nei comportamenti, nei rapporti sociali da un certo dispositivo che dipende da una tecnologia politica complessa, bisogna riconoscere che questo dispositivo non funziona in modo simmetrico nell'uno e nell'altro caso, che non vi ha prodotto dunque gli stessi effetti. Bisogna dunque ritornare a formulazioni da tempo screditate; bisogna dire che c'è una sessualità borghese, che ci sono sessualità di classe. O piuttosto che la sessualità è originariamente, storicamente borghese e che induce, nei suoi spostamenti successivi e nelle sue trasposizioni, effetti di classe specifici.

Ancora qualche parola. Si è avuta, dunque, nel corso del XIX secolo, una generalizzazione del dispositivo di sessualità, a partire da un centro egemonico. Al limite, potremmo dire che l'intero corpo sociale è stato dotato di un "corpo sessuale," sebbene in modi e con strumenti diversi. Universalità della sessualità? È qui che vediamo introdursi un nuovo elemento di differenziazione. Un po' come la borghesia aveva, alla fine del XVIII secolo, opposto al sangue valoroso dei nobili il proprio corpo e la sua preziosa sessualità, cosí, alla fine del XIX secolo, cercherà di ridefinire la specificità della sua di fronte a quella degli altri, riprenderà in modo differenziale la propria sessualità, traccerà una linea di divisione che singolarizza e protegge il suo corpo. Questa linea non sarà piú quella che instaura la sessualità, ma al contrario una linea che la blocca; è il divieto che farà la differenza, o almeno il modo in cui si esercita ed il rigore con cui è imposto. La teoria della repressione, che a poco a poco ricoprirà tutto il dispositivo di sessualità e gli darà il senso di un divieto generalizzato, ha qui il suo punto d'origine. Essa è storicamente legata alla diffusione del dispositivo di sessualità. Da una parte giustificherà la sua estensione autoritaria e forzata, affermando il · principio che ogni sessualità deve essere sottoposta alla legge, o meglio, che la sessualità è tale solo per effetto della legge: non solo dovete sottomettere la vostra sessualità alla legge, ma non avrete una sessualità che attraverso questa vostra sottomissione. Ma d'altra parte la teoria della repressione compenserà questa diffusione generale del dispositivo di sessualità attraverso l'analisi del funzionamento differenziale dei divieti a seconda delle classi sociali. Dal discorso che alla fine del XVIII secolo diceva: "C'è in noi un elemento prezioso che bisogna temere e trattare con riguardo, al quale bisogna portare tutte le nostre cure, se non vogliamo che generi mali infiniti," si è passati ad un discorso che dice: "La nostra sessualità, a differenza di quella degli altri, è sottoposta ad un regime di repressione cosí intenso che ormai il pericolo risiede in quest'ultimo; non solo il sesso è un segreto temibile, come non hanno smesso di dire alle generazioni precedenti i direttori di coscienza, i moralisti, i pedagoghi ed i medici, non solo bisogna stanarlo nella sua verità, ma se porta con sé tanti pericoli, è perché l'abbiamo troppo a lungo — per scrupolo, per un senso troppo acuto del peccato o per ipocrisia, come si preferirà — ridotto al silenzio." Ormai la differenziazione sociale si affermerà non attraverso la qualità "sessuale" del corpo, ma attraverso l'intensità della sua repressione.

La psicanalisi viene ad inserirsi a questo punto: contemporaneamente, teoria dell'appartenenza essenziale della legge e del desiderio e tecnica per eliminare gli effetti del divieto là dove il suo rigore lo rende patogeno. Nella sua emergenza storica, la psicanalisi non può dissociarsi dalla generalizzazione del dispositivo di sessualità e dei meccanismi secondari di differenziazione che vi si sono prodotti. Il problema dell'incesto è significativo da questo punto di vista. Da una parte, come abbiamo già visto, la sua proibizione è posta come principio assolutamente universale che permette di pensare nello stesso tempo il sistema d'alleanza ed il regime della sessualità; questa proibizione, in una forma o in un'altra, vale dunque per ogni società e per ogni individuo. Ma nella pratica, la psicanalisi si dà il compito di eliminare, in coloro che sono in condizione di ricorrere ad essa, gli effetti di rimozione che quella può indurre, permettendo loro di articolare in discorso il loro desiderio incestuoso. Nella stessa epoca, si organizzava una caccia sistematica alle pratiche incestuose che esistevano nelle campagne o in certi ambienti urbani ai quali la psicanalisi non aveva accesso: una rete di controllo amministrativo e giudiziario rigoroso è stata organizzata allora per mettervi fine; tutta una politica di protezione dell'infanzia e d'imposizione di un regime di tutela sui minorenni "in pericolo" aveva, almeno in parte, come obiettivo la loro sottrazione alle famiglie sospettate — per mancanza di spazio, promiscuità equivoca, abitudine alla dissolutezza, "primitivismo" selvaggio o degenerazione — di praticare l'incesto. Mentre il dispositivo di sessualità aveva dal XVIII secolo in poi intensificato i rapporti affettivi, la prossimità dei corpi fra genitori e figli, mentre c'era stata una costante incitazione all'incesto nella famiglia borghese, il regime di sessualità applicato alle classi popolari implica al contrario l'esclusione delle pratiche dell'incesto o almeno la loro trasposizione in un'altra forma. All'epoca in cui l'incesto è perseguitato come condotta da un lato, la psicanalisi si occupa dall'altro di portarlo alla luce come desiderio e di eliminare per quelli che ne soffrono la rigidità che lo fa rimuovere. Non bisogna dimenticare che la scoperta dell'Edipo è stata contemporanea all'organizzazione giuridica della decadenza paterna (in Francia, con le leggi del 1889 e del 1898). Nel momento in cui Freud scopriva qual era il desiderio di Dora e gli permetteva di formularsi, ci si armava per dissolvere, in altri strati sociali, tutte le prossimità indegne; il padre, da una parte, era eretto ad oggetto d'amore obbligatorio; ma dall'altra, se era amante, veniva decaduto dalla legge. Cosí la psicanalisi, come pratica terapeutica riservata ad alcuni, svolgeva rispetto ad altre procedure un ruolo di differenziazione, in un dispositivo di sessualità ormai generalizzato. Quelli che avevano perduto il privilegio esclusivo di aver cura della propria sessualità hanno ormai il privilegio di provare piú degli altri che cosa la vieta e di possedere il metodo che permette di eliminare la rimozione.

La storia del dispositivo di sessualità, come si è sviluppato a partire dall'età classica, può valere come archeologia della psicanalisi. Abbiamo infatti visto che svolge simultaneamente piú ruoli in questo dispositivo: è meccanismo di fissazione della sessualità al sistema di alleanza; assume un atteggiamento di opposizione nei confronti della teoria della degenerescenza; funziona come elemento differenziatore nella tecnologia generale del sesso. Intorno ad essa la grande esigenza della confessione che si era formata da tanto tempo prende il senso nuovo di un'ingiunzione di eliminare la rimozione. Il compito della verità si trova ormai legato a quello di mettere in questione il divieto.

Proprio questo apriva la possibilità di un importante spostamento tattico: interpretare di nuovo tutto il dispositivo di sessualità in termini di repressione generalizzata; collegare questa repressione a meccanismi generali di dominazione e di sfruttamento; legare gli uni agli altri i processi che permettono di liberarsi dagli uni e dagli altri. Cosí si è formata fra le due guerre mondiali ed intorno a Reich la critica storico-politica della repressione sessuale. Il valore di questa critica e dei suoi effetti nella realtà è stato considerevole. Ma la possibilità stessa del suo successo era legata al fatto che si dispiegava sempre all'interno del dispositivo di sessualità, e non al di fuori o contro di esso. Il fatto che tante cose siano potute cambiare nel comportamento sessuale delle società occidentali senza che sia stata realizzata nessuna delle promesse o condizioni politiche che Reich vi legava è sufficiente a provare che tutta questa "rivoluzione" del sesso, tutta questa lotta "antirepressiva" non rappresentava niente di piú, ma anche niente di meno — ed era già molto importante — di uno spostamento ed un capovolgimento tattici nel grande dispositivo di sessualità. Ma si capisce anche perché non si poteva chiedere a questa critica di essere la griglia di lettura per una storia di questo stesso dispositivo. Né il principio di un movimento per smantellarlo.

V

Diritto di morte e potere sulla vita

A lungo, uno dei privilegi caratteristici del potere sovrano era stato il diritto di vita e di morte. Probabilmente derivava nella sua forma dalla vecchia *patria potestas* che dava al padre di famiglia romano il diritto di "disporre" della vita dei suoi figli come di quella degli schiavi; gliel'aveva "data," poteva toglierglìela. Il diritto di vita e di morte, come è stato formulato dai teorici classici, ne è una forma già considerevolmente attenuata. Fra il sovrano ed i sudditi, non si concepisce piú che si eserciti in modo assoluto ed incondizionato, ma solo nei casi in cui il sovrano si trova minacciato nella sua stessa esistenza: una specie di diritto di replica. Se è minacciato da nemici esterni che vogliono rovesciarlo o contestare i suoi diritti, allora può legittimamente fare la guerra e chiedere ai suoi sudditi di prender parte alla difesa dello Stato; senza "proporsi direttamente la loro morte," gli è lecito "esporre la loro vita": in questo senso, esercita su di essi un diritto "indiretto" di vita e di morte.[23] Ma se uno di essi si solleva contro di lui ed infrange le sue leggi, allora può esercitare sulla sua vita un potere diretto: a titolo di punizione, lo ucciderà. Cosí inteso, il diritto di vita e di morte non è piú un privilegio assoluto: è condizionato dalla difesa del sovrano e dalla sua sopravvivenza. Bisogna concepirlo con Hobbes come la trasposizione operata a favore del principe del diritto che ciascuno possiederebbe nello stato di natura di difendere la propria vita

[23] S. PUFENDORF, *De jure naturae et gentium*, tr. fr. 1734, p. 445.

al prezzo della morte degli altri? O bisogna vedervi un diritto specifico che appare con la formazione di quest'essere giuridico nuovo che è il sovrano?[24] In ogni caso il diritto di vita e di morte, nella sua forma moderna, relativa e limitata, come nella forma antica ed assoluta, è un diritto dissimmetrico. Il sovrano non vi esercita il suo diritto sulla vita se non mettendo in atto il suo diritto di uccidere, o astenendosene; rende manifesto il suo potere sulla vita solo attraverso la morte che è in grado di esigere. Il diritto che si formula come "di vita e di morte" è nei fatti il diritto di *far* morire o di *lasciar* vivere. Dopo tutto, era simbolizzato dalla spada. E forse bisogna ricollegare questa forma giuridica ad un tipo storico di società in cui il potere si esercitava essenzialmente come istanza di prelievo, meccanismo di sottrazione, diritto di appropriarsi di una parte delle ricchezze, estorsione di prodotti, di beni, di servizi, di lavoro e di sangue, imposti ai sudditi. Il potere era innanzitutto diritto di prendere: sulle cose, il tempo, i corpi ed infine la vita; fino a culminare nel privilegio d'impadronirsene per sopprimerla.

L'Occidente ha conosciuto a partire dall'età classica una trasformazione molto profonda di questi meccanismi del potere. Il "prelievo" tende a non esserne piú la forma principale, ma solo un elemento fra altri che hanno funzioni d'incitazione, di rafforzamento, di controllo, di sorveglianza, di maggiorazione e di organizzazione delle forze che sottomette: un potere destinato a produrre delle forze, a farle crescere e ad ordinarle piuttosto che a bloccarle, a piegarle o a distruggerle. Il diritto di morte tenderà da questo momento in poi a spostarsi, o almeno ad appoggiarsi sulle esigenze di un potere che gestisce la vita ed a finalizzarsi a ciò che queste domandano. Questa morte, che si fondava sul diritto del sovrano di difendersi o di chiedere che lo si difenda, apparirà come l'altra faccia del diritto che ha il corpo sociale di assicurare la sua vita, di mantenerla o di svilupparla. Mai le guerre sono state tuttavia piú sanguinose che

[24] "Come un corpo composto può avere delle qualità che non si trovano in nessuno dei corpi semplici della mescolanza di cui è formato, cosí un corpo morale può avere, in virtú dell'unione stessa delle persone di cui è composto, dei diritti di cui nessuno dei particolari era formalmente provvisto e che appartiene solo a coloro che guidano il popolo di esercitare." PUFENDORF, *loc. cit.*, p. 452.

dal XIX secolo in poi e, anche fatte le debite proporzioni, mai i regimi avevano praticato fino a quel momento sulle loro popolazioni simili olocausti. Ma questo formidabile potere di morte — ed è forse questo che gli dà una parte della sua forza e del cinismo con il quale ha portato cosí lontano i propri limiti — si presenta ora come il complemento di un potere che si esercita positivamente sulla vita, che incomincia a gestirla, a potenziarla, a moltiplicarla, ad esercitare su di essa controlli precisi e regolazioni d'insieme. Le guerre non si fanno piú in nome del sovrano che bisogna difendere; si fanno in nome dell'esistenza di tutti; si spingono intere popolazioni ad uccidersi reciprocamente in nome della loro necessità di vivere. I massacri sono diventati vitali. Come gestori della vita e della sopravvivenza, dei corpi e della razza, tanti regimi hanno potuto condurre tante guerre, facendo uccidere tanti uomini. E attraverso un capovolgimento che permette di chiudere il cerchio, piú la tecnologia delle guerre le ha fatte volgere alla distruzione esaustiva, piú nei fatti la decisione che le apre e quella che le chiude si subordinano alla pura questione della sopravvivenza. La situazione atomica è oggi al punto d'arrivo di questo processo: il potere di esporre una popolazione ad una morte generale è l'altra faccia del potere di garantire ad un'altra il suo mantenimento nell'esistenza. Il principio: poter uccidere per poter vivere, che sorreggeva la tattica dei combattimenti, è diventato principio di strategia fra Stati; ma l'esistenza in questione non è piú quella, giuridica, della sovranità, ma quella, biologica, di una popolazione. Se il genocidio è il sogno dei poteri moderni, non è per una riattivazione del vecchio diritto di uccidere; è perché il potere si colloca e si esercita a livello della vita, della specie, della razza e dei fenomeni massicci di popolazione.

Avrei potuto prendere, ad un altro livello, l'esempio della pena di morte. Essa è stata per molto tempo, con la guerra, l'altra forma del diritto di spada; costituiva la risposta del sovrano a chi attaccava la sua volontà, la sua legge, la sua persona. Quelli che muoiono sul patibolo sono diventati sempre piú rari, al contrario di quelli che muoiono nelle guerre. Ma è per le stesse ragioni che questi sono diventati piú numerosi e quelli piú rari. Da quando il potere si è dato la funzione di gestire la vita, non è la nascita di sentimenti umanitari, è la ragion d'essere del potere e la logica del suo esercizio che hanno reso sempre piú difficile l'applicazione della pena di morte. Come può un potere esercitare nella condanna a morte le sue piú alte prerogative, se il suo ruolo principale è di assicurare, di sostenere, di rafforzare, di moltiplicare la vita e di ordinarla? Per un tale potere, l'esecuzione capitale è contemporaneamente il limite, lo scandalo e la contraddizione. Di qui il fatto che non la si è potuta conservare che invocando piuttosto la mostruosità del criminale, la sua incorreggibilità e la salvaguardia della società, che l'enormità del crimine stesso. Si uccidono legittimamente coloro che sono per gli altri una specie di pericolo biologico.

Si potrebbe dire che al vecchio diritto di *far* morire o di *lasciar* vivere si è sostituito un potere di *far* vivere o di *respingere* nella morte. È forse cosí che si spiega il discredito della morte che caratterizza la desuetudine recente dei rituali che l'accompagnavano. La cura che si pone nell'evitare la morte è legata al fatto che le procedure di potere non hanno cessato di allontanarsene piuttosto che ad una nuova angoscia che la renderebbe insopportabile alle nostre società. Con il passaggio da un mondo all'altro, la morte era la sostituzione di una sovranità terrestre ad opera di un'altra, molto piú potente; il fasto che la circondava partecipava della cerimonia politica. È ora sulla vita e lungo tutto il suo svolgimento che il potere stabilisce la sua presa; la morte ne è il limite, il momento che gli sfugge; diventa il punto piú segreto dell'esistenza, il piú "privato." Non bisogna stupirsi che il suicidio — crimine un tempo, poiché era un modo di usurpare il diritto di morte che solo il sovrano, quello terreno o quello dell'al di là, aveva il diritto di esercitare — sia diventato nel corso del XIX secolo uno dei primi comportamenti ad entrare nel campo dell'analisi sociologica; esso faceva apparire, alle frontiere e negli interstizi del potere che si esercita sulla vita, il diritto individuale e privato di morire. Quest'ostinazione a morire, cosí strana e tuttavia cosí regolare, cosí costante nelle sue manifestazioni, cosí poco spiegabile quindi con particolarità o accidenti individuali, fu uno dei primi stupori di una società in cui il potere politico si era dato il compito di gestire la vita.

Concretamente, questo potere sulla vita si è sviluppato in due forme principali a partire dal XVII secolo; esse non sono antitetiche; costituiscono piuttosto due poli di sviluppo legati da tutto un fascio intermedio di relazioni. Uno dei poli, il primo sembra ad essersi formato, è stato centrato sul corpo in quanto macchina: il suo *dressage*, il potenziamento delle sue attitudini, l'estorsione delle sue forze, la crescita parallela della sua utilità e della sua docilità, la sua integrazione a sistemi di controllo efficaci ed economici, tutto ciò è stato assicurato da meccanismi di potere che caratterizzano le *discipline*: *anatomo-politica del corpo umano*. Il secondo, che si è formato un po' piú tardi, verso la metà del XVIII secolo, è centrato sul corpo-specie, sul corpo attraversato dalla meccanica del vivente e che serve da supporto ai processi biologici: la proliferazione, la nascita e la mortalità, il livello di salute, la durata di vita, la longevità con tutte le condizioni che possono farle variare; la loro assunzione si opera attraverso tutta una serie d'interventi e di *controlli regolatori*: *una bio-politica della popolazione*. Le discipline del corpo e le regolazioni della popolazione costituiscono i due poli intorno ai quali si è sviluppata l'organizzazione del potere sulla vita. La creazione, nel corso dell'età classica, di questa grande tecnologia a due facce — anatomica e biologica, agente sull'individuo e sulla specie, volta verso le attività del corpo e verso i processi della vita — caratterizza un potere la cui funzione piú importante ormai non è forse piú di uccidere ma d'investire interamente la vita.

La vecchia potenza della morte in cui si simbolizzava il potere sovrano è ora ricoperta accuratamente dall'amministrazione dei corpi e dalla gestione calcolatrice della vita. Sviluppo rapido nel corso dell'età classica delle varie discipline — scuole, collegi, caserme, *ateliers*; emergenza anche, nel campo delle pratiche politiche e delle osservazioni economiche, dei problemi di natalità, di longevità, di salute pubblica, di habitat, di migrazione; esplosione dunque di tecniche diverse e numerose per ottenere la subordinazione dei corpi ed il controllo delle popolazioni. Si apre cosí l'era di un "bio-potere." Le due direzioni in cui si sviluppa appaiono ancora nel XVIII secolo nettamente separate. Dal lato della disciplina, si tratta di istituzioni come l'esercito o la scuola; di riflessioni sulla tattica, sull'apprendimento, sull'educazione, sull'ordine delle società; vanno dalle analisi propriamente militari del Maresciallo di Saxe ai sogni politici di Guibert e Servan. Dal lato delle regolazioni di popolazione si tratta di demografia, di stima del rapporto fra risorse ed abitanti, di trasposizione in uno schema delle ricchezze e della loro circolazione, delle vite e della loro probabile durata: Quesnay, Moheau, Süßmilch. La filosofia degli *Idéologues* in quanto teoria dell'idea, del segno, della genesi individuale delle sensazioni, ma anche della composizione sociale degli interessi, l'*Idéologie* come dottrina dell'apprendimento ma anche del contratto e della formazione regolamentata del corpo sociale, costituisce probabilmente il discorso astratto nel quale si è cercato di coordinare queste due tecniche di potere per farne la teoria generale. Nei fatti, la loro articolazione non si farà a livello di un discorso speculativo ma nella forma di connessioni concrete che costituiranno la grande tecnologia del potere nel XIX secolo: il dispositivo di sessualità sarà una di queste, ed una delle piú importanti.

Questo bio-potere è stato, senza dubbio, uno degli elementi indispensabili allo sviluppo del capitalismo; questo non ha potuto consolidarsi che a prezzo dell'inserimento controllato dei corpi nell'apparato di produzione, e grazie ad un adattamento dei fenomeni di popolazione ai processi economici. Ma ha richiesto di piú; gli è stata necessaria la crescita degli uni e degli altri, il loro rafforzamento cosí come la loro utilizzabilità e la loro docilità gli sono stati necessari metodi di potere suscettibili di maggiorare le forze, le attitudini, la vita in generale, senza pertanto renderle piú difficili da assoggettare; se lo sviluppo dei grandi apparati di Stato, come *istituzioni* di potere, ha assicurato il mantenimento dei rapporti di produzione, i rudimenti di anatomo- e di bio-politica, inventati nel XVIII secolo come *tecniche* di potere presenti a tutti i livelli del corpo sociale ed usati da istituzioni molto diverse (la famiglia come l'esercito, la scuola o la polizia, la medicina individuale o l'amministrazione delle collettività), hanno agito a livello dei processi economici, del loro sviluppo, delle forze che vi sono all'opera e li sostengono; hanno operato anche come fattori di segregazione e di gerarchizzazione sociale, agendo sulle forze rispettive degli uni e degli altri, garantendo rapporti di dominazione ed effetti di egemonia; l'adeguarsi dell'accumulazione degli uomini a quella del capitale, l'articolazione della crescita dei gruppi umani con l'espansione delle forze produttive e la ripartizione differenziale del profitto, sono stati resi possibili in parte dall'esercizio del bio-potere, nelle sue forme e con i suoi procedimenti svariati. L'investimento del corpo vivente, la sua valorizzazione e la gestione distributiva delle sue forze sono stati in quel momento indispensabili.

Si sa quante volte è stata posta la questione del ruolo che ha potuto avere, nella primissima fase di formazione del capitalismo, una morale ascetica; ma ciò che è accaduto nel XVIII secolo in certi paesi dell'Occidente, e che è stato messo insieme dallo sviluppo del capitalismo, è un fenomeno diverso e forse di una ampiezza maggiore di questa nuova morale, che sembrava screditare il corpo; fu nientemeno che l'ingresso della vita nella storia — voglio dire l'ingresso dei fenomeni propri alla vita della specie umana nell'ordine del sapere e del potere —, nel campo delle tecniche politiche. Non si tratta di pretendere che in quel momento si sia prodotto il primo contatto fra la vita e la storia. Al contrario, la pressione della realtà biologica sulla storia era rimasta, per millenni, estremamente forte; l'epidemia e la carestia costituivano le due grandi forme drammatiche di questo rapporto che restava in questo modo sotto il segno della morte; attraverso un processo circolare, lo sviluppo economico, ed in particolare quello agricolo del XVIII secolo, l'aumento della produttività e delle risorse, ancora piú rapido della crescita demografica che favoriva, hanno permesso che queste minacce profonde allentassero un po' la loro pressione: l'èra delle grandi devastazioni della fame e della peste — a parte qualche breve riapparizione — si è chiusa prima della Rivoluzione francese; la morte comincia a non assillare piú direttamente la vita. Ma nello stesso tempo, lo sviluppo delle conoscenze relative alla vita in generale, il miglioramento delle tecniche agricole, le osservazioni e le misure che si rivolgevano alla vita ed alla sopravvivenza degli uomini, contribuivano a quell'allontanamento: una relativa padronanza della vita allontanava alcune imminenze della morte. Nello spazio cosí acquisito, organizzandolo ed allargandolo, procedimenti di potere e di sapere prendono in considerazione i processi della vita ed iniziano a controllarli ed a modificarli. L'uomo occidentale apprende a poco a poco cosa è una specie vivente in un mondo vivente, cosa vuol dire avere un corpo, delle condizioni di esistenza, delle probabilità di vita, una salute individuale e collettiva, delle forze modificabili ed uno spazio dove le si può distribuire in maniera ottimale. Per la prima volta probabilmente nella storia, la realtà biologica si riflette in quella politica; il fatto di vivere non è piú il fondo inaccessibile che emerge solo di tanto in tanto, nelle vicende della morte e della sua fatalità; esso passa, almeno in parte, nel campo di controllo del sapere e d'intervento del potere. Quest'ultimo non avrà piú a che fare solo con soggetti di diritto sui quali la morte è la presa estrema, ma con degli esseri viventi, e la presa che potrà esercitare su di loro dovrà porsi a livello della vita stessa; è l'assunzione della vita da parte del potere, piú che la minaccia dell'uccisione, che gli dà accesso fino al corpo. Se possiamo chiamare "bio-storia" le pressioni attraverso le quali i movimenti della vita ed i processi della storia interferiscono gli uni con gli altri, bisognerà parlare di "bio-politica" per designare quel che fa entrare la vita ed i suoi meccanismi nel campo dei calcoli espliciti e fa del potere-sapere un agente di trasformazione della vita umana; questo non significa che la vita sia stata integrata in modo esaustivo a delle tecniche che la dominano e la gestiscono; essa sfugge loro senza posa. Al di fuori del mondo occidentale, la carestia esiste su una scala piú importante che mai; ed i rischi biologici corsi dalla specie sono forse piú grandi, e comunque piú gravi, che prima della nascita della microbiologia. Ma quel che si potrebbe chiamare la "soglia di modernità biologica" di una società si colloca nel momento in cui la specie entra come posta in gioco nelle sue strategie politiche. Per millenni, l'uomo è rimasto quel che era per Aristotele: un animale vivente ed inoltre capace di un'esistenza politica; l'uomo moderno è un animale nella cui politica è in questione la sua vita di essere vivente.

Questa trasformazione ha avuto conseguenze considerevoli. È inutile insistere qui sulla rottura che si è prodotta allora nel regime del discorso scientifico e sul modo in cui la doppia problematica della vita e dell'uomo ha attraversato e ridistribuito l'ordine dell'episteme classica. Se il problema dell'uomo è stato posto nella sua specificità di vivente e nella sua specificità rispetto ai viventi, la ragione va cercata nel nuovo tipo di rapporto fra la storia e la vita: in questa duplice posizione della vita, che la mette contemporaneamente all'esterno della storia, come suo limite biologico, ed all'interno della storicità umana, penetrata dalle sue tecniche di sapere e di potere. Inutile insistere anche sulla proliferazione delle tecnologie politiche, che, a partire di qui, investiranno il corpo, la salute, le modalità di nutrirsi e di abitare, le condizioni di vita, l'intero spazio dell'esistenza.

Un'altra conseguenza di questo sviluppo del bio-potere è l'importanza crescente assunta dalla norma alle spese del sistema giuridico della legge. La legge non può non essere armata, e la sua arma, per eccellenza, è la morte; a quelli che la trasgrediscono, essa risponde, almeno come ultima risorsa, con questa minaccia assoluta. La legge si riferisce sempre alla spada. Ma un potere che ha il compito di occuparsi della vita avrà bisogno di meccanismi continui, regolatori e correttivi. Non si tratta piú di far entrare in gioco la morte nel campo della sovranità, ma di distribuire ciò che è vivente in un dominio di valore e di utilità. Un tale potere deve qualificare, misurare, apprezzare, gerarchizzare, piuttosto che manifestarsi nel suo scoppio omicida; non deve tracciare la linea che separa i nemici del sovrano dai soggetti obbedienti; opera distribuzioni intorno alla norma. Non voglio dire che la legge scompaia, o che le istituzioni della giustizia tendano a sparire; ma che la legge funziona sempre piú come una norma; e che l'istituzione giudiziaria s'integra sempre di piú ad un continuum di apparati (medici, amministrativi, ecc.), le cui funzioni sono soprattutto regolatrici. Una società normalizzatrice è l'effetto storico di una tecnologia di potere centrata sulla vita. Nei confronti delle società che abbiamo conosciuto fino al XVIII secolo, siamo entrati in una fase di regressione della dimensione giuridica; le Costituzioni scritte nel mondo intero, dalla Rivoluzione francese in poi, i Codici redatti e rimaneggiati, tutta un'attività legislativa permanente e rumorosa, non devono creare illusioni: sono le forme che rendono accettabile un potere essenzialmente normalizzatore.

Contro questo potere ancora nuovo nel XIX secolo, le forze che resistono si sono appoggiate proprio su quello ch'esso investe — cioè sulla vita e sull'uomo in quanto essere vivente. Dal secolo scorso le grandi lotte che mettono in questione il sistema generale di potere non si fanno piú in nome di un ritorno agli antichi diritti, e in funzione del sogno millenario di un ciclo dei tempi e di un'età dell'oro. Non si aspetta piú l'imperatore dei poveri, né il regno degli ultimi giorni, e nemmeno soltanto il ristabilimento di giustizie ritenute ancestrali; quel che si rivendica e serve da obiettivo è la vita, intesa come bisogni fondamentali, essenza concreta dell'uomo, realizzazione delle sue virtualità, pienezza del possibile. Poco importa che si tratti o no di utopie; abbiamo a che fare qui con un processo reale di lotta; la vita come oggetto politico è stata in un certo qual modo presa alla lettera e capovolta contro il sistema che cominciava a controllarla. È la vita, molto piú del diritto, che è diventata allora la posta in gioco delle lotte politiche, anche se queste si formulano attraverso affermazioni di diritto. Il "diritto" alla vita, al corpo, alla salute, alla felicità, alla soddisfazione dei bisogni, il "diritto" a ritrovare, al di là di tutte le oppressioni o "alienazioni," quel che si è e tutto quel che si può essere, questo "diritto" cosí incomprensibile per il sistema giuridico classico, è stato la replica politica a tutte queste nuove procedure di potere che, a loro volta, non partecipano del diritto tradizionale della sovranità.

Su questo sfondo, si può capire l'importanza assunta dal sesso come oggetto di scontro politico: esso è l'elemento di connessioni di due assi lungo i quali si è sviluppata tutta la tecnologia politica della vita. Da un lato partecipa delle discipline del corpo: *dressage*, intensificazione e distribuzione delle forze, adattamento ed economia delle energie. Dall'altro, partecipa della regolazione delle popolazioni attraverso tutti gli effetti globali che induce. S'inserisce simultaneamente sui due registri; dà luogo a sorveglianze infinitesimali, a controlli istante per istante, ad organizzazioni dello spazio di un'estrema meticolosità, ad esami medici o psicologici interminabili, a tutto un micro-potere sul corpo; ma dà luogo anche a misure massicce, a stime statistiche, ad interventi che prendono di mira l'intero corpo sociale o gruppi presi nel loro insieme. Il sesso è contemporaneamente accesso alla vita del corpo ed alla vita della specie. Ci si serve di esso come matrice delle discipline e principio delle regolazioni. È per questo che, nel XIX secolo, la sessualità è inseguita fin nei minimi particolari delle esistenze; è braccata nei comportamenti, le si dà la caccia nei sogni, la si sospetta dietro le piú piccole follie, la s'insegue fin nei primi anni dell'infanzia; diventa la cifra dell'individualità, quel che permette contemporaneamente di analizzarla e di renderla docile ed utile. Ma la si vede anche diventare tema di operazioni politiche, d'interventi economici (attraverso incitazioni o freni alla procreazione), di campagne ideologiche di moralizzazione o di responsabilizzazione: la si fa valere come l'indice di forza di una società, quel che ne rivela tanto l'energia politica che il vigore biologico. Da un polo all'altro di questa tecnologia del sesso, si dispongono tutta una serie di tattiche diverse che combinano in proporzioni diverse l'obiettivo della disciplina del corpo e quello della regolazione delle popolazioni.

Di qui l'importanza delle quattro grandi linee d'attacco lungo le quali ha avanzato da ormai due secoli la politica del sesso. Ognuna è stata un modo di comporre le tecniche disciplinari con i procedimenti regolatori. Le prime due si sono appoggiate su esigenze di regolazione — su tutta una tematica della specie, della discendenza, della salute collettiva — per ottenere effetti a livello della disciplina; la sessualizzazione del bambino si è realizzata sotto la forma di una campagna per la salute della razza (la sessualità precoce è stata presentata, dal XVIII secolo fino alla fine del XIX, come una minaccia epidemica che rischia ad un tempo di compromettere non solo la salute futura degli adulti, ma anche l'avvenire della società e dell'intera specie); l'isterizzazione delle donne, che ha suscitato una medicalizzazione minuziosa del loro corpo e del loro sesso, si è fatta in nome della responsabilità ch'esse avrebbero nei confronti della salute dei loro figli, della solidità dell'istituzione familiare e della salvezza della società. È il rapporto inverso che ha funzionato a proposito del controllo delle nascite e della psichiatrizzazione delle perversioni: qui l'intervento era di natura regolatrice, ma doveva appoggiarsi sull'esigenza di discipline e di *dressages* individuali. In maniera generale, alla giuntura del "corpo" e della "popolazione," il sesso diventa un bersaglio decisivo per un potere che si organizza intorno alla gestione della vita piuttosto che alla minaccia della morte.

Il sangue è rimasto per molto tempo un elemento importante nei meccanismi del potere, nelle sue manifestazioni e nei suoi rituali. Per una società in cui sono preponderanti i sistemi d'alleanza, la forma politica del sovrano, la differenziazione in ordine ed in caste, il valore dei lignaggi, per una società in cui la carestia, le epidemie, le violenze rendono la morte imminente, il sangue costituisce uno dei valori essenziali; il suo valore dipende contemporaneamente dal suo ruolo strumentale (poter versare il sangue), dal suo funzionamento nell'ordine dei segni (aver un certo sangue, essere dello stesso sangue, accettare di rischiare il proprio sangue), ed anche dalla sua precarietà (facile ad effondere, soggetto ad inaridirsi, troppo pronto a mescolarsi, rapidamente suscettibile di corruzione). Società di sangue — stavo per dire "sanguineità": onore della guerra o paura delle carestie, trionfo della morte, sovrano con la spada, boia e supplizi, il potere parla *attraverso* il sangue; questo è *una realtà con funzione simbolica*. Noi siamo, invece, in una società del "sesso," o piuttosto che funziona sulla base della "sessualità": i meccanismi del potere si rivolgono al corpo, alla vita, a ciò che la fa proliferare, a quel che rinforza la specie, il suo vigore, la sua capacità di dominare o la sua disposizione ad essere utilizzata. Salute, progenitura, razza, avvenire della specie, vitalità del corpo sociale, il potere parla *della* sessualità ed *alla* sessualità; questa non è segno o simbolo, è oggetto o bersaglio. E quel che fa la sua importanza è la sua insistenza, la sua presenza insidiosa, il fatto che è dappertutto, ravvivata e temuta ad un tempo, piú che la sua rarità o la sua precarietà. Il potere la rende apparente, la suscita e se ne serve come il senso proliferante che va sempre rimesso sotto controllo perché non sfugga; è un *effetto con valore di senso*. Non voglio dire che una sostituzione del sesso al sangue riassuma da sola tutte le trasformazioni che segnano la soglia della nostra modernità. Non è l'anima di due civiltà o il principio organizzatore di due forme culturali quel che tento di esprimere; cerco piuttosto le ragioni per cui la sessualità, lungi dall'essere stata repressa nella società contemporanea, vi è al contrario permanentemente suscitata. Sono le nuove procedure di potere elaborate durante l'età classica e messe in opera nel XIX secolo che hanno fatto passare le nostre società da una *simbolica del sangue* ad una *analitica della sessualità*. Se c'è dunque qualcosa che è dal lato della legge, della morte, della trasgressione, del simbolico e della sovranità, è il sangue; la sessualità è piuttosto dal lato della norma, del sapere, della vita, del senso, delle discipline e delle regolazioni.

Sade ed i primi eugenisti sono contemporanei di questo passaggio dalla "sanguineità" alla "sessualità." Ma mentre i primi sogni di perfezionamento della specie spingono tutto il problema del sangue in una gestione fortemente costrittiva del sesso (arte di determinare i buoni matrimoni, di provocare le fecondità desiderate, di assicurare la salute e la longevità dei bambini), mentre la nuova idea di razza tende a cancellare le particolarità aristocratiche del sangue per conservare solo gli effetti controllabili del sesso, Sade riconduce l'analisi esaustiva del sesso dentro i meccanismi esasperati del vecchio potere di sovranità e sotto i vecchi prestigi interamente conservati del sangue; questo scorre lungo il piacere — sangue del supplizio e del potere assoluto, sangue della casta che si rispetta in sé e che pure si fa scorrere nei grandi rituali del parricidio e dell'incesto, sangue del popolo, che si diffonde a discrezione poiché quello che scorre nelle sue vene non è nemmeno degno di essere nominato. Il sesso in Sade è senza norma, senza una regola intrinseca che potrebbe formularsi a partire dalla sua natura; ma è sottoposto alla legge illimitata di un potere che, a sua volta, non conosce che la sua; se per gioco gli succede d'imporsi l'ordine delle progressioni accuratamente disciplinate in giornate successive, questo esercizio lo conduce a non essere piú nient'altro che il mero luogo di una sovranità unica e nuda: diritto illimitato della mostruosità onnipotente. Il sangue ha riassorbito il sesso.

Nei fatti, l'analitica della sessualità e la simbolica del sangue hanno un bel dipendere nel loro principio da due regimi di potere ben distinti; l'una non è succeduta all'altra (come d'altronde neppure questi stessi poteri) senza accavallamenti, interazioni o echi. In vari modi, la preoccupazione del sangue e della legge ha ossessionato da quasi due secoli la gestione della sessualità. Due di queste interferenze sono degne di nota, una a causa della sua importanza storica, l'altra a causa dei problemi teorici che pone. Dalla seconda metà del XIX secolo è successo che la tematica del sangue sia stata chiamata a vivificare ed a sostenere con tutto uno spessore storico il tipo di potere politico che si esercita attraverso i dispositivi di sessualità. Il razzismo si forma a questo punto (il razzismo nella sua forma moderna, statale, biologizzante): tutta una politica della popolazione, della famiglia, del matrimonio, dell'educazione, della gerarchizzazione sociale, della proprietà ed una lunga serie di interventi permanenti a livelli del corpo, dei comportamenti, della salute, della vita quotidiana, hanno ricevuto allora il loro carattere e la loro giustificazione dalla preoccupazione mitica di proteggere la purezza del sangue e di far trionfare la razza.

Il nazismo è stato probabilmente la combinazione piú ingenua e piú scaltra — e scaltra perché ingenua — dei fantasmi del sangue con i parossismi di un potere disciplinare. Un ordinamento eugenetico della società, con tutto quel che poteva comportare di estensione o d'intensificazione dei micro-poteri, sotto la copertura di una statalizzazione illimitata, andava di pari passo con l'esaltazione onirica di un sangue superiore, che implicava contemporaneamente il genocidio sistematico degli altri ed il rischio di esporre se stessi ad un sacrificio totale. E la storia ha voluto che la politica hitleriana del sesso sia rimasta una pratica derisoria, mentre il mito del sangue si trasformava nel piú grande massacro di cui gli uomini possano, a tutt'oggi, avere memoria.

Al polo opposto, possiamo seguire, a cominciare da questa stessa fine del XIX secolo, lo sforzo teorico per iscrivere la tematica della sessualità nel sistema della legge, dell'ordine simbolico e della sovranità. È l'onore politico della psicanalisi — per lo meno di quel che ha potuto avere di piú coerente — d'aver sospettato (e questo fin dalla sua nascita, cioè dalla sua rottura con la neuropsichiatria della degenerescenza) che poteva esserci qualcosa di irrimediabilmente proliferante in questi meccanismi di potere che pretendevano controllare e gestire il quotidiano della sessualità: di qui lo sforzo freudiano (probabilmente in reazione alla grande ascesa del razzismo che avveniva nello stesso periodo) per dare come principio alla sessualità la legge — la legge dell'alleanza, della consanguineità proibita, del Padre-Sovrano, cioè per convocare intorno al desiderio tutto il vecchio ordine del potere. La psicanalisi deve a questo di essere stata — tranne qualche eccezione e per l'essenziale — in opposizione teorica e pratica con il fascismo. Ma questa posizione della psicanalisi è stata legata ad una congiuntura storica precisa. E nulla può impedire che pensare l'ordine della sessualità secondo l'istanza della legge, della morte, del sangue e della sovranità — qualsiasi siano i riferimenti a Sade e a Bataille, qualsiasi siano le garanzie di "sovversione" che si chiedono loro — non sia in fin dei conti una "retro-versione" storica. Bisogna pensare il dispositivo di sessualità a partire dalle tecniche di potere che gli sono contemporanee.

Mi si dirà che questo significa abbandonarsi ad uno storicismo piú frettoloso che radicale; evitare, a profitto di fenomeni forse variabili ma fragili, secondari e tutto sommato superficiali, l'esistenza biologicamente solida delle funzioni sessuali; che significa parlare della sessualità come se il sesso non esistesse. E si avrebbe il diritto di obiettarmi: "Lei pretende analizzare nei particolari i processi attraverso i quali sono stati sessualizzati il corpo delle donne, la vita dei bambini, i rapporti familiari e tutta una larga rete di relazioni sociali. Vuol descrivere questa grande ascesa della preoccupazione sessuale dal XVIII secolo in poi e l'accanimento crescente che abbiamo messo nel sospettare il sesso dappertutto. Ammettiamo pure; e supponiamo che i meccanismi di potere siano stati effettivamente utilizzati piú per suscitare e per 'irritare' la sessualità che per reprimerla. Ma in questo modo lei resta molto vicino a ciò da cui pensa probabilmente di aver preso le distanze; in fondo, mostra fenomeni di diffusione, d'innesto, di fissazione della sessualità, cerca di far vedere quel che si potrebbe chiamare l'organizzazione di 'zone erogene' nel corpo sociale; potrebbe anche darsi che non faccia nient'altro che trasporre sulla scala di processi diffusi dei meccanismi che la psicanalisi ha rintracciato con precisione a livello dell'individuo. Ma lei elimina ciò a partire da cui questa sessualizzazione ha potuto operarsi, e che la psicanalisi invece non ignora — cioè il sesso. Prima di Freud, si cercava di localizzare la sessualità nel modo piú rigoroso: nel sesso, nelle sue funzioni di riproduzione, nelle sue sedi anatomiche immediate; ci si riferiva ad un fondamento biologico minimo — organo, istinto, finalismo. Lei invece è in posizione simmetrica ed inversa: per lei non restano che effetti senza base, ramificazioni prive di radice, una sessualità senza sesso. Ancora una volta, la castrazione."

A questo punto bisogna distinguere due domande. Da un lato: l'analisi della sessualità come "dispositivo politico" implica necessariamente l'elisione del corpo, dell'anatomia, del biologico, del funzionale? A questa prima domanda credo che si possa rispondere negativamente. In ogni caso lo scopo di questa ricerca è proprio di mostrare come dei dispositivi di potere si articolano direttamente con il corpo — con i corpi, le funzioni, i processi fisiologici, le sensazioni, i piaceri; lungi dal volere che il corpo sia cancellato, si tratta di farlo apparire in un'analisi in cui l'elemento biologico e quello storico non si succederebbero, come nell'evoluzionismo dei vecchi sociologi, ma si collocherebbero secondo una complessità crescente man mano che si sviluppano le tecnologie moderne di potere che prendono di mira la vita. Non dunque "storia delle mentalità," che terrebbe conto dei corpi solo attraverso il modo in cui li si è percepiti e si è dato loro senso e valore; ma "storia dei corpi" e del modo in cui si è investito ciò che c'è di piú materiale e di piú vivente in essi.

Seconda domanda, distinta dalla prima: questa materialità a cui ci si riferisce non è proprio quella del sesso, e non è paradossale voler fare una storia della sessualità a livello dei corpi, senza parlare per niente del problema del sesso? In fondo, il potere che si esercita attraverso la sessualità non si rivolge, in modo specifico, a quest'elemento del reale che è il "sesso" — il sesso in generale? Si può ancora ammettere che la sessualità non sia rispetto al potere una dimensione esterna alla quale questo s'imporrebbe, che sia anzi effetto e strumento dei suoi movimenti. Ma il sesso, invece, non è forse rispetto al potere l'"altro," mentre rappresenta per la sessualità il nucleo centrale intorno al quale essa distribuisce i suoi effetti? In realtà, è proprio questa idea *del* sesso che non si può accettare senza un esame. "Il sesso" è davvero il punto d'innesto che sorregge le manifestazioni della "sessualità," o è invece un'idea complessa, che si è formata storicamente all'interno del dispositivo di sessualità? Si potrebbe mostrare, in ogni caso, come questa idea "del sesso" si è formata attraverso le varie strategie di potere e che ruolo preciso vi ha svolto.

Lungo le grandi linee di sviluppo del dispositivo di sessualità a partire dal XIX secolo, assistiamo all'elaborazione dell'idea che esiste qualcos'altro che i corpi, gli organi, le localizzazioni somatiche, le funzioni, i sistemi anatomo-fisiologici, le sensazioni, i piaceri; qualcosa d'altro e di piú, qualcosa che ha le sue proprietà intrinseche e le sue leggi proprie: il "sesso." Cosí, nel processo d'isterizzazione della donna, il "sesso" è stato definito in tre modi: come ciò che appartiene in comune all'uomo e alla donna; o come ciò che appartiene per eccellenza all'uomo e manca dunque alla donna; o ancora come ciò che da solo costituisce il corpo della donna, subordinandolo interamente alle funzioni di riproduzione e perturbandolo incessantemente con gli effetti di questa stessa funzione; l'isteria è interpretata, in questa strategia, come il funzionamento del sesso nella misura in cui è l'"uno" e l'"altro," tutto e parte, principio e mancanza. Nella sessualizzazione dell'infanzia, si elabora l'idea di un sesso che è presente (in ragione dell'anatomia) ed assente (dal punto di vista della fisiologia), presente pure se se ne considera l'attività ed insufficiente se ci si riferisce alla sua finalità riproduttiva; e ancora, attuale nelle sue manifestazioni, ma nascosto nei suoi effetti, che appariranno nella loro gravità patologica soltanto piú tardi; e se nell'adulto il sesso del bambino è ancora presente, è sotto la forma di una causalità segreta che tende ad annullare il sesso dell'adulto (uno dei dogmi della medicina del XVIII e XIX secolo fu di supporre che la precocità del sesso comportava in seguito la sterilità, l'impotenza, la frigidità, l'incapacità di provare piacere, l'anestesia dei sensi); sessualizzando l'infanzia si è costituita l'idea di un sesso caratterizzato dal meccanismo essenziale della presenza e dell'assenza, del nascosto e del manifesto; la masturbazione, con gli effetti che le si attribuiscono, rivelerebbe in modo privilegiato questo meccanismo. Nella psichiatrizzazione delle perversioni, il sesso è stato ricondotto a delle funzioni biologiche e ad un apparato anatomo-fisiologico che gli conferisce il suo "senso," cioè la sua finalità; ma viene anche riferito ad un istinto che, attraverso il proprio sviluppo e secondo gli oggetti sui quali può fissarsi, rende possibile l'apparizione delle condotte perverse ed intelligibile la loro genesi; cosí il "sesso" si definisce attraverso l'incrociarsi di funzione e d'istinto, di finalità e di significato; ed in questa forma si manifesta, meglio che altrove, nella perversione modello, nel "feticismo" che, almeno dal 1877, è servito da filo conduttore all'analisi di tutte le altre deviazioni, poiché vi si leggeva chiaramente la fissazione dell'istinto ad un oggetto nella modalità dell'aderenza storica e dell'inadeguatezza biologica. Infine, nella socializzazione delle condotte procreatrici, il "sesso" è descritto come preso fra una legge di realtà (di cui le necessità economiche sono la forma immediata e piú rude) ed un'economia di piacere che tenta sempre di aggirarla quando non la disconosce; la piú celebre delle "frodi," il "coitus interruptus," rappresenta il punto in cui l'istanza della realtà costringe a porre fine al piacere e in cui il piacere riesce ancora a manifestarsi malgrado l'economia prescritta dal reale. Come si vede, è il dispositivo di sessualità che, nelle sue diverse strategie, crea quest'idea "del sesso"; e nelle quattro grandi forme dell'isteria, dell'onanismo, del feticismo e del coito interrotto, lo fa apparire come sottomesso al meccanismo del tutto e della parte, del principio e della mancanza, dell'assenza e della presenza, dell'eccesso e dell'insufficienza, della funzione e dell'istinto, della finalità e del senso, del reale e del piacere. Cosí si è formata a poco a poco l'ossatura di una teoria generale del sesso.

Questa teoria, cosí generata, ha esercitato nel dispositivo di sessualità un certo numero di funzioni che l'hanno resa indispensabile. Tre sono state particolarmente importanti. Innanzitutto, la nozione di "sesso" ha permesso di raggruppare in un'unità artificiale elementi anatomici, funzioni biologiche, comportamenti, sensazioni, piaceri, ed ha permesso di far funzionare quest'unità fittizia come principio causale, senso onnipresente, segreto da scoprire dovunque: il sesso ha dunque potuto funzionare come significante unico e come significato universale. Inoltre presentandosi congiuntamente come anatomia e come mancanza, come funzione e come latenza, come istinto e come senso, ha potuto indicare la linea di contatto fra un sapere della sessualità umana e le scienze biologiche della riproduzione; cosí il primo, senza nulla prendere veramente in prestito alle seconde — salvo qualche analogia incerta e qualche concetto trasposto — ha ricevuto, per un privilegio di vicinanza, una garanzia di quasi-scientificità; ma sempre per questa vicinanza alcuni contenuti della biologia e della fisiologia hanno potuto funzionare come principio di normalità per la sessualità umana. Infine, la nozione di sesso ha assicurato un ribaltamento essenziale; ha permesso d'invertire la rappresentazione dei rapporti fra il potere e la sessualità e di far apparire quest'ultima, non nella sua relazione essenziale e positiva con il potere, ma radicata in un'istanza specifica ed irriducibile che il potere cerca di assoggettare come può; cosí l'idea "del sesso" permette di eludere quel che fa il "potere" del potere: permette di pensarlo solo come legge e divieto. Il sesso, quest'istanza che sembra dominarci, questo segreto che ci appare sottostante a tutto ciò che siamo, questo punto che ci affascina per il potere che manifesta e per il senso che nasconde, al quale domandiamo di rivelarci quel che siamo e di liberare quel che ci definisce, il sesso non è probabilmente che un punto ideale, reso necessario dal dispositivo di sessualità e dal suo funzionamento. Non bisogna immaginare un'istanza autonoma del sesso che produrrebbe secondariamente gli effetti multiformi della sessualità lungo tutta la sua superficie di contatto con il potere. Il sesso è al contrario l'elemento piú speculativo, piú ideale ed anche piú interno in un dispositivo di sessualità che il potere organizza nella sua presa sui corpi, la loro materialità, le loro forze, le loro energie, le loro sensazioni, i loro piaceri.

Potremmo aggiungere che "il sesso" esercita ancora un'altra funzione che attraversa le prime e le sostiene. Ruolo piú pratico che teorico questa volta; è attraverso il sesso infatti, punto immaginario fissato dal dispositivo di sessualità, che ciascuno deve passare per avere accesso alla propria intelligibilità (poiché è contemporaneamente l'elemento nascosto ed il principio produttore di senso), alla totalità del suo corpo (poiché ne è una parte reale e minacciata e ne costituisce simbolicamente il tutto), alla sua identità (poiché unisce alla forza di una pulsione la singolarità di una storia). Con un rovesciamento che è cominciato probabilmente in modo surrettizio da molto tempo — e già all'epoca della pastorale cristiana della carne — siamo giunti oggi a chiedere la nostra intelligibilità a ciò che, per tanti secoli, fu considerato come follia, la pienezza del nostro corpo a ciò che a lungo ne fu il marchio ed in un certo qual modo la ferita, la nostra identità a quel che si percepiva come una pressione oscura senza nome. Di qui l'importanza che gli attribuiamo, il timore reverenziale di cui lo circondiamo, la cura che ci diamo per conoscerlo. Di qui il fatto che sia diventato, su una scala di secoli, piú importante della nostra anima, quasi piú importante della nostra vita, e che tutti gli enigmi del mondo ci sembrino tanto lievi in confronto a questo segreto, cosí minuscolo in ciascuno di noi, ma la cui densità lo rende piú grave di ogni altro. Il patto faustiano di cui il dispositivo di sessualità ha iscritto in noi la tentazione è ormai questo: scambiare la vita intera contro il sesso, contro la verità e la sovranità del sesso. Il sesso vale bene la morte. In questo senso, che è strettamente storico, il sesso oggi è realmente attraversato dall'istinto di morte. Quando l'Occidente, tanto tempo fa, scoprí l'amore, gli attribuí un prezzo abbastanza alto da rendere accettabile la morte; oggi è il sesso che pretende quest'equivalenza, la piú elevata di tutte. E mentre il dispositivo di sessualità permette alle tecniche di potere d'investire la vita, il punto fittizio del sesso, ch'esso stesso ha segnato, affascina abbastanza ciascuno perché si accetti di sentirvi il rumore sordo della morte.

Creando quest'elemento immaginario che è "il sesso," il dispositivo di sessualità ha suscitato uno dei suoi principi interni di funzionamento piú essenziali: il desiderio del sesso — desiderio di averlo, desiderio di accedervi, di scoprirlo, di liberarlo, di articolarlo in discorso, di formularlo in verità. Esso ha costituito "il sesso" come desiderabile. E questa desiderabilità del sesso fissa ciascuno di noi all'ingiunzione di conoscerlo, di portarne alla luce la legge ed il potere; questa desiderabilità ci fa credere che affermiamo contro ogni potere i diritti del nostro sesso, mentre nei fatti ci lega al dispositivo di sessualità, che ha fatto emergere dal fondo di noi stessi il tenebroso bagliore del sesso come un miraggio in cui crediamo di riconoscerci.

"Tutto è sesso," diceva Kate, nel *Serpente piumato*, "tutto è sesso. Come può esser bello il sesso, quando l'uomo lo conserva potente e sacro, e quando riempie il mondo. È come il sole che vi inonda e vi penetra della sua luce."

Non bisogna dunque riferire all'istanza del sesso una storia della sessualità; ma mostrare come "il sesso" è storicamente dipendente dalla sessualità. Non porre il sesso dal lato del reale, e la sessualità da quello delle idee confuse e delle illusioni; la sessualità è una figura storica ben reale, che ha suscitato come elemento speculativo, necessario al suo funzionamento, la nozione del sesso. Non credere che, accettando il sesso, si rifiuti il potere; si segue al contrario il filo del dispositivo generale di sessualità. Bisogna liberarsi dall'istanza del sesso se si vuole far valere contro gli appigli del potere, con un rovesciamento tattico dei vari meccanismi della sessualità, i corpi, i piaceri, i saperi, nella loro molteplicità e nella loro possibilità di resistenza. Contro il dispositivo di sessualità, il punto d'appoggio del contrattacco non deve essere il sesso-desiderio, ma i corpi ed i piaceri.

"C'è stata tanta azione nel passato," diceva D. H. Lawrence, "soprattutto azione sessuale, una ripetizione cosí monotona e stancante, senza nessuno sviluppo parallelo nel pensiero e nella comprensione. Ora il nostro problema è capire la sessualità. Oggi, la comprensione pienamente cosciente dell'istinto sessuale è piú importante dell'atto sessuale."

Forse un giorno altri si stupiranno. Capiranno con difficoltà che una civiltà, cosí intenta peraltro a sviluppare immensi apparati di produzione e di distruzione, abbia trovato il tempo e l'inesauribile pazienza d'interrogarsi tanto ansiosamente sulla realtà del sesso; sorrideranno forse, ricordando che gli uomini che noi siamo stati credevano che ci fosse una verità almeno altrettanto preziosa di quella che avevano già chiesto alla terra, alle stelle ed alle forme pure del loro pensiero; saranno sorpresi dell'accanimento che abbiamo messo nel fingere di strappare alla sua notte una sessualità che tutto — i nostri discorsi, le nostre abitudini, le nostre istituzioni, i nostri regolamenti, i nostri saperi — presentava in piena luce e rilanciava con fracasso. Si chiederanno perché abbiamo tanto voluto togliere la legge del silenzio su quel che era la piú chiassosa delle nostre preoccupazioni. Il rumore, retrospettivamente, potrà sembrare smisurato, ma piú strana ancora sembrerà la nostra caparbietà a non vedervi altro che il rifiuto di parlare e l'ordine di tacere. Si interrogheranno su che cosa ha potuto renderci cosí presuntuosi: perché ci siamo attribuiti il merito di aver, per primi, accordato al sesso, contro tutta una morale millenaria, l'importanza che diciamo sua e come abbiamo potuto vantarci di esserci finalmente, nel XX secolo, liberati da un'epoca di lunga e dura repressione — quella di un ascetismo cristiano prolungato, trasformato, utilizzato con parsimonia e meticolosità dagli imperativi dell'economia borghese. E là dove oggi vediamo la storia di una censura penosamente abolita, riconosceranno piuttosto la lunga, secolare avanzata di un dispositivo complesso per far parlare del sesso, per fissarvi la nostra attenzione e la nostra preoccupazione, per farci credere alla sovranità della sua legge, mentre nei fatti siamo sotto l'azione dei meccanismi di potere della sessualità.

Sorrideranno del rimprovero di pansessualismo che fu per un momento mosso a Freud ed alla psicanalisi. Ma quelli che sembreranno ciechi, saranno forse meno quelli che l'hanno formulato, che quelli che l'hanno eliminato con un semplice gesto della mano, come se esprimesse soltanto le paure di vecchi pudori. Poiché in fondo i primi sono stati solo sorpresi da un processo che era cominciato in realtà da molto tempo e che, senza che se ne accorgessero, li circondava già da ogni parte; avevano attribuito al solo cattivo genio di Freud ciò che era stato preparato da molto tempo; si erano sbagliati di data quanto alla creazione, nella nostra società, di un dispositivo generale di sessualità. Ma i secondi sono caduti in errore sulla natura del processo; hanno creduto che Freud restituisse infine al sesso, con un capovolgimento improvviso, la parte che gli era dovuta e che gli era stata per tanto tempo contestata; non hanno visto che il buon genio di Freud l'aveva posto in uno dei punti decisivi indicati sin dal XVIII secolo dalle strategie di sapere e di potere; e che rilanciava in tal modo, con un'ammirevole efficacia, degna dei piú grandi autori di spiritualità e direttori di coscienza dell'epoca classica, l'ingiunzione secolare di conoscere il sesso e di trasporlo in discorso. Si evocano spesso gl'innumerevoli procedimenti attraverso i quali il Cristianesimo antico ci avrebbe fatto detestare il corpo; ma pensiamo un po' a tutte queste astuzie con le quali, da molti secoli, siamo stati spinti ad amare il sesso, con le quali se ne è resa desiderabile la conoscenza, e prezioso tutto ciò che se ne dice; con le quali siamo stati anche incitati a mettere in atto tutte le nostre capacità per sorprenderlo, e legati al dovere di estrarne la verità; con le quali siamo stati colpevolizzati per averlo cosí a lungo misconosciuto. Sono queste che meriterebbero, oggi, di stupire. E dobbiamo pensare che un giorno, forse, in un'altra economia dei corpi e dei piaceri, non si capirà piú bene come le astuzie della sessualità, e del potere che ne sorregge il dispositivo, siano riuscite a sottometterci a quest'austera monarchia del sesso, al punto da destinarci al compito senza fine di forzare il suo segreto e di estorcere a quest'ombra le confessioni piú vere.

Ironia di questo dispositivo: ci fa credere che ne va della nostra "liberazione."

Stampa Grafica Sipiel
Milano, settembre 2005

Indice